建筑施工特种作业人员培训教材

建筑施工现场场内翻斗车司机

建筑施工特种作业人员培训教材编委会　组织编写

中国建筑工业出版社

图书在版编目（CIP）数据

建筑施工现场场内翻斗车司机/建筑施工特种作业人员
培训教材编委会组织编写. —北京：中国建筑工业出版
社，2019.6（2022.8重印）
建筑施工特种作业人员培训教材
ISBN 978-7-112-23872-9

Ⅰ.①建… Ⅱ.①建… Ⅲ.①自卸车-技术培训-教材
Ⅳ.①U469.4

中国版本图书馆 CIP 数据核字（2019）第 122730 号

责任编辑：李　杰　李　明
责任校对：李欣慰

建筑施工特种作业人员培训教材
建筑施工现场场内翻斗车司机
建筑施工特种作业人员培训教材编委会　组织编写

*

中国建筑工业出版社出版、发行（北京海淀三里河路 9 号）
各地新华书店、建筑书店经销
北京红光制版公司制版
天津安泰印刷有限公司印刷

*

开本：850×1168 毫米　1/32　印张：3¼　字数：89 千字
2019 年 10 月第一版　2022 年 8 月第二次印刷
定价：**12. 00** 元
ISBN 978-7-112-23872-9
（34131）

建筑施工特种作业人员
培训教材编委会

主　　任：高　峰

副 主 任：王宇旻　陈海昌

委　　员：金　强　朱利闽　朱　青　刘钦燕　张丽娟

　　　　　陈晓苏　马　记　曹　俊　杜景鸣　查继明

　　　　　高海明　周保建　樊路军　李朝蓬　王尚龙

　　　　　张鹏程　何红阳

本书编审委会

主　　编：何红阳

副 主 编：沈莉芳

编写成员：范小叶

（本系列教材公共基础知识编写成员：金　强　朱利闽

　　朱　青　刘　辉）

审　　稿：郁沁志

3

前　　言

　　《中华人民共和国安全生产法》规定："生产经营单位的特种作业人员必须按照国家有关规定经专门的安全作业培训，取得相应资格，方可上岗作业"。建筑施工特种作业人员是指在房屋建筑和市政工程施工活动中，从事可能对本人、他人及周围设备设施的安全造成重大危害作业的人员。作为建设行业高危工种之一，其从业直接关系建筑施工质量安全，直接关系公民生命、财产安全和公共安全。

　　为进一步紧贴建筑施工特种作业人员职业素质和适岗能力的实际需要，编写委员会组织编写了《建筑电工》《建筑架子工》《附着式升降脚手架架子工》《建筑起重信号司索工》等24个工种的系列教材。该套教材既是相关工种培训考核的指导用书，又是一线建筑施工特种作业人员的实用工具书。

　　本套教材在编写过程中，得到了江苏省相关专家和部门的大力支持，在此一并表示感谢！因编者水平有限，难免会存在疏漏和不足之处，真诚希望广大同行和读者给予批评指正。

编者

二〇一九年五月

目　　录

第一部分　公共基础知识

第一部分　公共基础知识

第一章　职业道德

第一节　道德的含义和基本内容

1. 道德的含义

道德是一种社会意识形态，是人们共同生活及其行为的准则与规范。

意识形态除了道德以外，还包括政治、法律、艺术、宗教、哲学和其他社会科学等意识形式，是对事物的理解、认知，对事物的感观思想，是观念、观点、概念、思想、价值观等要素的总和。如：对生命的认识和观点；对金钱物质的看法等。

道德往往代表着社会的正面价值取向，起到判断行为正当与否的作用。道德是以善恶为标准，通过社会舆论、内心信念和传统习惯来评价人的行为，调整人与人之间以及个人与社会之间相互关系的行动规范的总和。

2. 道德与法纪的关系

遵守道德是指按照社会道德规范行事，不做损害他人的事。遵守法纪是指遵守纪律和法律，按照规定行事，不违背纪律和法律的规定条文。法纪与道德既有区别也有联系，它们是两种重要的社会调控手段。

（1）法纪属于社会制度范畴，而道德属于社会意识形态范畴。道德侧重于自我约束，是行为主体"应当"的选择，依靠人们的内心信念、传统习惯和社会舆论发挥其作用，不具有强制力；而法纪则侧重于国家或组织的强制手段，是国家或组织制定和颁布，用以调整、约束和规范人们行为的权威性规则。

（2）遵守法纪是遵守道德的最低要求。道德一般又可分为两类：第一类是社会有序化要求的道德，是维系社会稳定所必不可少的最低限度的道德，如不得暴力伤害他人、不得用欺诈手段谋取利益、不得危害公共安全等；第二类是那些有助于提高生活质量、增进人与人之间紧密关系的原则，如博爱、无私、乐于助人、不损人利己等。第一类道德有时也会上升为法纪，通过制裁、处分或奖励的方法得以推行。而第二类道德是对人性较高要求的道德，一般不宜转化为法纪，需要通过教育、宣传和引导等手段来推行。法纪是道德的演化产物，其内容是道德范畴中最基本的要求，因此遵纪守法是遵守道德的最低要求。

（3）遵守道德是遵守法纪的坚强后盾。首先，法纪应包含最低限度的道德，没有道德基础的法纪，是无法获得人们的尊重和自觉遵守的。其次，道德对法纪的实施有保障作用，"徒善不足以为政，徒法不足以自行"，执法者职业道德的提高，守法者的法律意识、道德观念的加强，都对法纪的实施起着推动的作用。再者，道德又对法纪有补充作用，有些不宜由法纪调整的，或本应由法纪调整但因立法的滞后而尚"无法可依"的，道德约束往往就起到了必要的补充作用。

3. 公民道德的基本内容

公民道德主要包括社会公德、职业道德、家庭美德及个人品德四个方面。

（1）社会公德。公德是指与国家、组织、集体、民族、社会等有关的道德，社会公德是社会道德体系的社会层面，是维护社会公共生活正常进行的最基本的道德要求，是全体公民在社会交往和公共生活中应该遵循的行为准则，涵盖了人与人、人与社会、人与自然之间的关系。以文明礼貌、助人为乐、爱护公物、保护环境、遵纪守法为主要内容的社会公德，旨在鼓励人们在社会上做一个好公民。

（2）职业道德。职业道德是人们在职业生活中应当遵循的基本道德，是职业品德、职业纪律、专业能力及职业责任等的总称，它通过公约、守则等对职业生活中的某些方面加以规范。职业道德涵盖了从业人员与服务对象、职业与职工、职业与职业之间的关系；它既是对从业人员在职业活动中的行为要求，又是本行业对社会所承担的道德责任和义务。以爱岗敬业、诚实守信、办事公道、服务群众、奉献社会为主要内容的职业道德，旨在鼓励人们在工作中做一个好的建设者。

（3）家庭美德。家庭美德是调节家庭成员之间、邻里之间以及家庭与国家、社会、集体之间的行为准则，也是评价人们在恋爱、婚姻、家庭、邻里之间交往中的行为是非、善恶的标准。以尊老爱幼、男女平等、夫妻和睦、勤俭持家、邻里团结为主要内容的家庭美德，旨在鼓励人们在家庭生活里做一个好成员。

（4）个人品德。个人品德是一定社会的道德原则和规范在个人思想和行为中的体现，是一个人在其道德行为整体中所表现出来的比较稳定的、一贯的道德特点和倾向。个人品德是每个公民个人修养的体现，现代人应树立关爱、善待和宽厚的理念，对他人、对社会、对自然有关爱之心、善待之举和宽厚情怀。个人品德的内容包括很多，比如正直善良、谦虚谨慎、团结友爱、言行一致等等。

社会公德、职业道德、家庭美德、个人品德这四个方面是一个有机的统一体，其外延由大到小，内涵由浅到深，共同构成一个完善的道德体系。在"四德"建设中，人的能动性及个人品德建设是至关重要的，个人品德的修养是树立道德意识、规范言行举止、建设和谐家庭、模范地做好工作、维护社会和谐的基础。只有个人具备优良品德修养才能由己及人，才能由己及家庭、集体和社会。正确处理个人与社会、竞争与协作、经济效益与社会效益等关系，树立尊重人、理解人、关心人的理念，发扬社会主义人道主义精神，提倡为人民为社会多做好事、体现社会主义制度优越性、促进社会主义市场经济健康有序发展的良好道德风尚。

党的十八大对未来我国道德建设也做出了重要部署。强调依法治国和以德治国相结合，加强社会公德、职业道德、家庭美德、个人品德教育，弘扬中华传统美德，倡导时代新风，指出了道德修养的"四位一体"性。十八大报告中"推进公民道德建设工程，弘扬真善美、贬斥假恶丑，引导人们自觉履行法定义务、社会责任、家庭责任，营造劳动光荣、创造伟大的社会氛围，培育知荣辱、讲正气、作奉献、促和谐的良好风尚"，强调了社会氛围和社会风尚对公民道德品质的塑造；"深入开展道德领域突出问题专项教育和治理，加强政务诚信、商务诚信、社会诚信和司法公信建设"，突出了"诚信"这个道德建设的核心。

第二节　职业道德的基本特征和主要作用

1. 职业道德的概念

职业道德是指所有从业人员在职业活动中应该遵循的行为准则，是一定职业范围内的特殊道德要求，即整个社会对从业人员的职业观念、职业态度、职业技能、职业纪律和职业作风等方面的行为标准和要求。

职业道德是随着社会分工的发展，并出现相对固定的职业集团时产生的，人们的职业生活实践是职业道德产生的基础。特定的职业不但要求人们具备特定的知识和技能，而且要求人们具备特定的道德观念、情感和品质。各种职业集团，为了维护职业利益和信誉，适应社会的需要，从而在职业实践中，根据一般社会道德的基本要求，逐渐形成了职业道德规范。

职业道德是对从事这个职业所有人员的普遍要求，它不仅是所有从业人员在其职业活动中行为的具体表现，同时也是本职业对社会所负的道德责任与义务，是社会公德在职业生活中的具体化。每个从业人员，不论是从事哪种职业，在职业活动中都要遵守职业道德，如现代中国社会中教师要遵守教书育人、为人师表的职业道德，医生要遵守救死扶伤的职业道德，企业经营者要遵守诚实守信、公平竞争、合法经营的职业道德等等。

具体来讲，职业道德的含义主要包括以下八个方面：

（1）职业道德是一种职业规范，受社会普遍的认可。

（2）职业道德是长期以来自然形成的。

（3）职业道德没有确定的形式，通常体现为观念、习惯、信念等。

（4）职业道德依靠文化、内心信念和习惯，通过职工的自律来实现。

（5）职业道德大多没有实质的约束力和强制力。

（6）职业道德的主要内容是对职业人员义务的要求。

（7）职业道德标准多元化，代表了不同企业可能具有不同的价值观。

（8）职业道德承载着企业文化和凝聚力，影响深远。

2. 职业道德的基本特征

职业道德是从业人员在一定的职业活动中应遵循的、具有自身职业特征的道德要求和行为规范。职业道德具有以下几个特点：

（1）普遍性。从业者应当共同遵守基本职业道德行为规范，且在全世界的所有职业者都有着基本相同的职业道德规范。

（2）行业性。职业道德具有适用范围的有限性，每种职业都担负着一定的职业责任和职业义务，由于各种职业的职业责任和义务不同，从而形成各自特定的职业道德的具体规范。职业道德的内容与职业实践活动紧密相连，反映特定职业活动对从业人员行为的道德要求。

（3）继承性。职业道德具有发展的历史继承性，由于职业具有不断发展和世代延续的特征，不仅其技术世代延续，其管理员工的方法、与服务对象打交道的方式，也有一定历史继承性。在长期实践过程中形成的职业道德内容，会被作为经验和传统继承下来，如"有教无类""学而不厌，诲人不倦"，从古至今都是教师的职业道德。

（4）实践性。一个从业者的职业道德知识、情感、意志、信念、觉悟、良心等都必须通过职业的实践活动，在自己的行为中表现出来，并且接受行业职业道德的评价和自我评价。

（5）多样性。职业道德表达形式多种多样，不同的行业和不同的职业，有不同的职业道德标准，且表现形式灵活。职业道德的表现形式总是从本职业的交流活动实际出发，采用诸如制度、守则、公约、承诺、誓言、条例等形式，以至标语口号之类来加以体现，既易于为从业人员所接受和实行，而且便于形成一种职业的道德习惯。

（6）自律性。从业者通过对职业道德的学习和实践，逐渐培养成较为稳固的职业道德品质，良好的职业道德形成以后，又会在工作中逐渐形成行为上的条件反射，自觉地选择有利于社会、有利于集体的行为，这种自觉就是通过自我内心职业道德意识、觉悟、信念、意志、良心的主观约束控制来实现的。

（7）他律性。道德行为具有受舆论影响的特征，在职业生涯中，从业人员随时都受到所从事职业领域的职业道德舆论的影响。实践证明，创造良好的职业道德社会氛围、职业环境，并通过职业道德舆论的宣传、监督，可以有效地促进人们自觉遵守职业道德，并实现互相监督，共同提升道德境界。

3. 职业道德的主要作用

在现代社会里，人人都是服务对象，人人又都为他人服务。社会对人的关心、社会的安宁和人们之间关系的和谐，是同各个岗位上的服务态度、服务质量密切相关的。在构建和谐社会的新形势下，大力加强社会主义职业道德建设，具有十分重要的作用。

（1）加强职业道德是提高职业人员责任心的重要途径

职业道德要求把个人理想同各行各业、各个单位的发展目标结合起来，同个人的岗位职责结合起来，以增强员工的职业观念、职业事业心和职业责任感。职业道德要求员工在本职工作中不怕艰苦，勤奋工作，既讲团结协作，又争个人贡献，既讲经济效益，又讲社会效益。加强职业道德要求紧密联系本行业本单位的实际，有针对性地解决存在的问题。

（2）加强职业道德是促进企业和谐发展的迫切要求

职业道德的基本职能是调节职能，一方面可以调节从业人员内部的关系，即运用职业道德规范约束职业内部人员的行为，促进职业内部人员的团结与合作，加强职业、行业内部人员的凝聚力；另一方面，职业道德又可以调节从业人员与服务对象之间的关系，用来塑造本职业从业人员的社会形象。

企业是具有社会性的经济组织，在企业内部存在着各种复杂的关系，这些关系既有相互协调的一面，也有矛盾冲突的一面，如果解决不好，将会影响企业的凝聚力。这就要求企业所有的员工具有较高的职业道德觉悟，从大局出发，光明磊落、相互谅解、相互宽容、相互信赖、同舟共济，而不能意气用事、互相拆台。企业内部上下级之间、部门之间、员工之间团结协作，使企业真正成为一个具有社会主义精神风貌的和谐集体。

（3）加强职业道德是提高企业竞争力的必要措施

当前市场竞争激烈，各行各业都讲经济效益，要求企业的经营者在竞争中不断开拓创新。但行业之间为了自身的利益，会产生很多新的矛盾，形成自我力量的抵消，使一些企业的经营者在竞争中单纯追求利润、产值，不求质量，或者以次充好、以假乱真，不顾社会效益，损害国家、人民和消费者的利益，企业得到只能是短暂的收益，失去的是消费者的信任，也就失去了生存和发展的源泉，难以在竞争的激流中屹立不倒。在企业中加强职业道德使得企业在追求自身利润的同时，又能创造好的社会效益，从而提升企业形象，赢得持久而稳定的市场份额；同时，也使企业内部员工之间相互尊重、相互信任、相互合作，从而提高企业凝聚力，企业方能在竞争中稳步发展。

（4）加强职业道德是个人健康发展的基本保障

市场经济对于职业道德建设有其积极一面，也有消极的一面，它的自发性、自由性、注重经济效益的特性，导致一些人"一切向钱看"，唯利是图，不择手段追求经济效益，从而走入歧途，断送前程。提高从业人员的道德素质，树立职业理想，增强职业责任感，形成良好的职业行为，抵抗物欲诱惑，不被利欲所熏心，才能脚踏实地在本行业中追求进步。在社会主义市场经济条件下，只有具备职业道德精神的从业人员，才能在社会中站稳脚跟，成为社会的栋梁之材，在为社会创造效益的同时，也保障了自身的健康发展。

（5）加强职业道德提高全社会道德水平的重要手段

职业道德是整个社会道德的主要内容，它一方面涉及每个从业者如何对待职业，如何对待工作，同时也是一个从业人员的生活态度、价值观念的表现，是一个人的道德意识和道德行为发展到成熟阶段的体现，具有较强的稳定性和连续性。另一方面，职业道德也是一个职业集体甚至一个行业全体人员的行为表现，如果每个行业、每个职业集体都具备优良的道德，那么对整个社会道德水平的提高就会发挥重要作用。

第三节　建设行业职业道德建设

1. 加强职业道德建设，践行社会主义核心价值观

"国无德不兴，人无德不立。"习近平总书记指出："核心价值观，其实就是一种德，既是个人的德，也是一种大德，就是国家的德、社会的德。"因此，"必须加强全社会的思想道德建设，激发人们形成善良的道德意愿、道德情感，培育正确的道德判断和道德责任，提高道德实践能力尤其是自觉践行能力，引导人们向往和追求讲道德、尊道德、守道德的生活，形成向上的力量、向善的力量。"培育社会主义核心价值观，首先要培植一种有益于国家、社会、他人的道德。

党的十八大提出，倡导富强、民主、文明、和谐，倡导自由、平等、公正、法治，倡导爱国、敬业、诚信、友善，积极培育和践行社会主义核心价值观。富强、民主、文明、和谐是国家层面的价值目标，自由、平等、公正、法治是社会层面的价值取向，爱国、敬业、诚信、友善是公民个人层面的价值准则，"富强、民主、文明、和谐；自由、平等、公正、法治；爱国、敬业、诚信、友善"，这 24 个字是社会主义核心价值观的基本内容。践行社会主义核心价值观对于道德建设具有重要的指导意义，而加强道德建设又对践行社会主义核心价值观发挥着基础性作用，二者互有联系，相辅相成。

建设行业是社会主义现代化建设中的一个十分重要的行业。工厂、住宅、学校、商店、医院、体育场馆、文化娱乐设施等等的建设，都离不开建设行为，它以满足人民群众日益增长的物质文化生活需要为出发点。建设行业职业道德是社会主义核心价值观、社会主义道德规范，在建设行业的具体体现。

2. 结合建设行业特点和现实，加强职业道德建设

（1）职业道德建设的行业特点

以建设行业中建筑为例，专业多、岗位多、从业人员多且普遍文化程度较低、综合素质相对不高；条件艰苦，任务繁重，露天作业、高空作业，常年日晒雨淋，生产生活场所条件艰苦，安全设施落后和不足，作业存在安全隐患，安全事故频发；施工涉及面大，人员流动性强，四海为家，四处奔波，难以接受长期定点的培训教育；工种之间联系紧密，各专业、各工种、各岗位前后延续共同完成工程的建设；具有较强的社会性，一座建筑物，凝聚了多方面的努力，体现了其社会价值和经济价值。同时，随着国民经济的发展，建筑行业地位和作用也越来越重要，行业发展关乎国计民生。因此，对从业人员开展及时地、各类形式灵活多样的教育培训，提高道德素质、文化水平、专业知识和职业技能；结合行业特点，加强团结协作教育、服务意识教育和职业道德教育，一切为了社会广大人民和子孙后代的利益，坚持社会主义、集体主义原则，严谨务实，艰苦奋斗、多出精品优质工程，体现其社会价值和经济价值尤为重要。

（2）职业道德建设的行业现实

一个建筑物的诞生或一项工程的竣工需要有良好的设计、周密的施工、合格的建筑材料和严格的检验与监督。近几年来，出现设计结构不合理、计算偏差，不考虑相关因素，埋下重大隐患；施工过程中秩序混乱；建筑材料伪劣产品层出不穷；金钱、人情关系扰乱工程安全质量监督，质量安全事故屡见不鲜。作为百年大计的工程建设产品，如果质量差，损失和危害将无法估量。例如 5.12 汶川大地震中某些倒塌的问题房屋，杭州地铁坍塌，上海、石家庄在建楼房倒楼事件等。造成这些问题的因素很多，但是道德因素是其中最重要的因素之一。再如，面对激烈的市场竞争，一些建筑企业为了拿到工程项目，使用各种手段，其中手段之一就是盲目压价，用根本无法完成工程的价格去投标。中标后就在设计、施工、材料等方面做文章，启用非法设计人员搞黑设计；施工中偷工减料；材料上买低价伪劣产品，最终，使建筑物的"百年大计"大大打了折扣。因此，大力加强建设行业职业道德建设，营造市场经济良好环境，经济效益和社会效益并重尤为紧迫。

3. 建设行业职业道德要求

根据建设部发布的《建筑业从业人员职业道德规范（试行）》，对建筑从业人员共同职业道德规范要求如下：

（1）热爱事业，尽职尽责

热爱建筑事业，安心本职工作，树立职业责任感和荣誉感，发扬主人翁精神，尽职尽责，在生产中不怕苦，勤勤恳恳，努力完成任务。

（2）努力学习，苦练硬功

努力学文化，学知识，刻苦钻研技术，熟练掌握本工种的基本技能，练就一身过硬本领。努力学习和运用先进的施工方法，钻研建筑新技术、新工艺、新材料。

（3）精心施工，确保质量

树立"百年大计、质量第一"的思想，按设计图纸和技术规范精心操作，确保工程质量，用优良的成绩树立建安工人形象。

（4）安全生产，文明施工

树立安全生产意识，严格安全操作规程，杜绝一切违章作业现象，确保安全生产无事故。维护施工现场整洁，在争创安全文明标准化现场管理中做出贡献。

（5）节约材料，降低成本

发扬勤俭节约优良传统，在操作中珍惜一砖一木，合理使用材料，认真做好落手清、现场清，及时回收材料，努力降低工程成本。

（6）遵章守纪，维护公德

要争做文明员工，模范遵守各项规章制度，发扬团结互助精神，尽力为其他工种提供方便。

4. 特种作业人员职业道德核心内容

（1）安全第一

坚持"生产必须安全，安全为了生产"的意识。严格遵守操作规程。操作人员要强化安全意识，认真执行安全生产的法律、法规、标准和规范，严格执行操作规程和程序，杜绝一切违章作业，不野蛮施工，不乱堆乱扔。

（2）诚实守信

诚实守信作为社会主义职业道德的基本规范，是和谐社会发展的必然要求，它不仅是建设领域职工安身立命的基础，也是企业赖以生存和发展的基石。操作人员要言行一致，表里如一，真实无欺，相互信任，遵守诺言，忠实地履行自己应当承担的责任和义务。

（3）爱岗敬业

爱岗就是热爱自己的工作岗位，敬业就是要用一种恭敬严肃的态度对待自己的工作。操作人员应当热爱本职工作，不怕苦、不怕累，认真负责，集中精力，精心操作，密切配合其他工种施工，确保工程质量，使工程如期完成。这是社会对每个从业者的要求，更应当是每个从业者对自己的自觉约束。

（4）钻研技术

操作人员要努力学习科学文化知识，刻苦钻研专业技术，苦练硬功，扎实工作，熟练掌握本工作的基本技能，努力学习和运用先进的施工方法，精通本岗位业务，不断提高业务能力。

（5）保护环境

文明操作，防止损坏他人和国家财产。讲究施工环境优美，做到优质、高效、低耗。做到不乱排污水，不乱倒垃圾，不影响交通，不扰民施工。

第二章 建筑施工特种作业人员和管理

第一节 建筑施工特种作业

1. 建筑施工特种作业概念

建筑施工特种作业人员是指在房屋建筑和市政工程施工活动中，从事对本人、他人的生命健康及周围设施的安全可能造成重大危害的作业人员。

特种作业有着不同的危险因素，《中华人民共和国安全生产法》规定：生产经营单位的特种作业人员必须按照国家有关规定经专门的安全作业培训，取得相应资格，方可上岗作业。

2. 建筑施工特种作业工种

（1）建设部《建筑施工特种作业人员管理规定》（建质〔2008〕75号）所确定的建筑施工特种作业包括：

1）建筑电工。

2）建筑架子工。

3）建筑起重信号司索工。

4）建筑起重机械司机。

5）建筑起重机械安装拆卸工。

6）高处作业吊篮安装拆卸工。

7）经省级以上人民政府建设主管部门认定的其他特种作业。

（2）《江苏省建筑施工特种作业人员管理暂行办法》（苏建管质〔2009〕5号），规定了江苏省的建筑施工特种作业包括：

1）建筑电工。

2）建筑架子工。

3）建筑起重信号司索工。

4) 建筑起重机械司机。

5) 建筑起重机械安装拆卸工。

6) 高处作业吊篮安装拆卸工。

7) 建筑焊工。

8) 建筑施工机械安装质量检验工。

9) 桩机操作工。

10) 建筑混凝土泵操作工。

11) 建筑施工现场场内机动车司机。

12) 其他特种作业人员。

目前，江苏省又将"建筑施工现场场内机动车司机"细分为："建筑施工现场场内叉车司机""建筑施工现场场内装载机司机""建筑施工现场场内翻斗车司机""建筑施工现场场内推土机司机""建筑施工现场场内挖掘机司机""建筑施工现场场内压路机司机""建筑施工现场场内平地机司机""建筑施工现场场内沥青混凝土摊铺机司机"等。

第二节　建筑施工特种作业人员

按照住房和城乡建设部与江苏省建设行政主管部门的规定，从事建筑施工特种作业的人员应当取得建筑施工特种作业人员操作资格证书，方可上岗从事相应作业。

1. 年龄及身体要求

年满18周岁且符合相应特种作业规定的年龄要求。

近3个月内经二级乙等以上医院体检合格且无听觉障碍、无色盲，无妨碍从事本工种的疾病（如癫痫病、高血压、心脏病、眩晕症、精神病和突发性昏厥症等）和生理缺陷。

2. 学历要求

初中及以上学历。其中，报考建筑起重机械安装质量检测工（塔式起重机、施工升降机）的人员，应符合下列条件之一：

（1）具有工程机械（建筑机械）类、电气类大专以上学历或工程机械（建筑机械）类、电气类、安全工程类助理工程师任职资格，并从事起重机设计、制造、安装调试、维修、操作、检验工作2年及其以上。

（2）具有工程机械（建筑机械）类、电气类中专、理工科（非起重专业）大专以上学历或工程机械（建筑机械）类、电气类、安全工程类技术员任职资格，并从事起重机设计、制造、安装调试、维修、操作、检验工作3年及其以上。

（3）具有高中学历并从事起重机设计、制造、安装调试、维修、操作、检验工作5年及其以上。

3. 考核要求

（1）报名

全省建筑施工特种作业人员考核、发证及管理系统集成在"江苏省建筑业监管信息平台2.0"上。建筑施工企业人员可由企业统一组织通过监管信息平台直接报名，非建筑施工企业人员向所在地考核基地报名，填报相应工种，经市县建设（筑）主管部门资格审查合格后，到经省建设行政主管部门认定的建筑施工特种作业考核基地，进行培训后参加考核。

凡申请考核、延期复核、换证的人员均须进行二代身份证信息和指脉信息采集。采集入库的二代身份证和指脉信息，将作为今后个人进行考核、延期复核、换证、查验的依据，如信息不吻合，将影响上述有关事项的办理。

企业可自行采集本企业申报人员二代身份证信息、指脉信息须由申报人员至考核基地进行现场采集。

（2）考核

建筑施工特种作业人员考核包括安全技术理论和安全操作技能。

考核内容分掌握、熟悉、了解三类。其中掌握即要求能运用相关特种作业知识解决实际问题；熟悉即要求能较深理解相关特种作业安全技术知识；了解即要求具有相关特种作业的基本知识。

（3）考核办法

1）安全技术理论考核。采用无纸化网络闭卷考试方式，考试时间为 2 小时，实行百分制，60 分为合格。其中，安全生产基本知识占 25％、专业基础知识占 25％、专业技术理论占 50％。

2）安全操作技能考核。采用实际操作（或模拟操作）、口试等方式，考核实行百分制，70 分为合格。

3）参考人员在安全技术理论考核合格后，方可参加实际操作技能考核。同一工种的实操考核时间不得早于理论考核时间，在实际操作技能考核合格后，可以取得相应的建筑施工特种作业人员操作资格。

4. 发证

（1）按照住房和城乡建设部《建筑施工特种作业人员管理规定》（建质〔2008〕75 号）的规定，考核发证机关对于考核合格的，应当自考核结果公布之日起 10 个工作日内颁发资格证书。资格证书采用国务院建设主管部门统一规定的式样，由考核发证机关编号后签发。资格证书在全国通用。

（2）江苏省建设行政主管部门从 2017 年下半年开始，试行发放"电子证书"。此项工作得到了住房和城乡建设部的同意。2017 年 10 月 18 日，江苏省政务服务管理办公室与省住房和城乡建设厅联合发文《关于启用住房城乡建设领域从业人员考核合格电子证书使用的有关通知》（省政务办发〔2017〕66 号），文件规定从 2017 年 12 月 1 日起，全面启用电子证书，停发同名纸质证书。根据《中华人民共和国电子签名法》规定，可靠的电子证书具备与同名纸质证书相同效力。省住房城乡建设厅核发的电子证书，各地在公共资源交易、资质核准予以认可。

（3）电子证书式样

图 2-1 电子证书样式

第三节 建筑施工特种作业人员的权利

1. 获得劳动安全卫生的保护权利

建筑施工特种作业人员有获得用人单位提供符合国家规定的劳动安全卫生条件和必要的劳动防护用品的权利；并且有要求按照规定获得职业病健康体检、职业病诊疗、康复等职业病防治服务的权利。

2. 对安全生产状况的知情、参与和建议的权利

建筑施工特种作业人员有获得所从事的特种作业，可能面临的任何潜在危险、职业危害，安全与健康可能造成的后果的权利；有参与判别和解决所面临的劳动安全卫生问题的权利；有对本单位的安全生产和劳动安全卫生工作建议的权利。

3. 接受职业技能教育培训的权利

建筑施工特种作业人员有接受职业技能教育和安全生产知识培训的权利，以获得对工作环境、生产过程、机械设备和危险物质等方面的有关安全卫生知识。

4. 拒绝违章指挥和强令冒险作业的权利

建筑施工特种作业人员在单位领导或者有关工程技术人员违章指挥，或者在明知存在危险因素而没有采取安全保护措施，强迫命令操作人员作业时，有拒绝工作的权利。

5. 危险状态下的紧急避险权利

在生产劳动过程中，当发现危及作业人员生命安全的情况时，作业人员有权停止工作或者撤离现场。

6. 安全生产活动的监督与批评、检举、控告和申诉的权利

建筑施工特种作业人员对用人单位遵守劳动安全卫生法律法规和标准，履行保护工人安全健康的责任的情况，有监督的权利。对用人单位违反劳动安全卫生法律法规和标准，不履行其责任的情况，作业人员有批评、检举和控告的权利。在劳动保护等方面受到用人单位不公正待遇时，作业人员有权向有关部门提出申诉的权利。

对作业人员的检举、控告和申诉，建设行政主管部门和其他有关部门应当查清事实，认真处理，不得压制和打击报复。

用人单位不得因作业人员对本单位安全生产工作提出批评、检举、控告或者拒绝违章指挥、强令冒险作业及向有关部门提出申诉而降低其工资、福利等待遇或者解除与其订立的劳动合同。

7. 依法获得工伤保险的权利

生产经营单位必须依法参加工伤社会保险，为从业人员缴纳保险费。建筑施工企业必须为从事危险作业的职工办理意外伤害保险，支付保险费。当作业人员发生工伤事故时，依法获得相关保险的权利。

第四节 建筑施工特种作业人员的义务

1. 遵守有关安全生产的法律、法规和规章的义务。

建筑施工特种作业人员在施工活动中，应当遵守有关安全生产的法律、法规和规章。遵守建筑施工安全强制性标准和用人单位的规章制度，严格按照操作规程操作，做到不违规作业，不违章作业。

2. 提高职业技能和安全生产操作水平的义务

建筑施工特种作业人员面对建筑施工活动中的复杂性和多样性，要不断提高职业技能水平。在未上岗之前应参加岗前技能培训和安全生产操作能力的培训，掌握安全操作知识和技能，取得相应合格证书后方可上岗工作。已在工作岗位上的人员，还必须经常性地参加有关教育培训，熟练掌握本工种的各项安全操作技能，不断提高职业技能和安全生产操作水平。

3. 遵守劳动纪律的义务

建筑施工特种作业人员应严格遵守用人单位的劳动纪律。劳动纪律是用人单位为形成和维持生产经营秩序，保证劳动合同得以履行，要求全体员工在集体劳动、工作、生活过程中以及与劳动、工作紧密相关的其他过程中必须共同遵守的规则。

4. 发现事故隐患和其他不安全因素，立即报告的义务

建筑施工特种作业人员在施工现场直接承担具体的作业活动，更容易发现事故隐患或者其他不安全因素，一旦发现事故隐患或者其他不安全因素，作业人员应当立即向现场安全生产管理人员或者本单位负责人报告，不得隐瞒不报或者拖延报告。如果作业人员发现所报告的事故隐患或者其他不安全因素得不到解决，作业人员也可以越级上报。

5. 完成生产任务的义务

建筑施工特种作业人员完成合理的生产任务是应尽的义务，也是取得劳动报酬的基本条件。作业人员在完成合理生产任务的前提下，还应该保证质量，争做生产劳动的积极分子，为企业经济效益、为社会财富的积累、为国家的发展做出自己的应有贡献。

第五节 建筑施工特种作业人员的管理

根据住房和城乡建设部的规定，省、自治区、直辖市人民政府建设主管部门或者其委托的考核机构负责本行政区域内建筑施工特种作业人员的考核工作。

1. 建设行政主管部门的管理职责

（1）省建设行政主管部门的管理职责

1）负责全省范围内建筑施工特种作业人员的考核监督管理工作。

2）研究制定特种作业人员执业资格考核标准、考核大纲，建立相应工种的试题库。

3）认证特种作业人员执业资格考核基地。

4）负责特种作业人员执业资格考核工作的师资教育培训，监督管理考核考务工作。

5）负责特种作业人员执业证书的颁发和管理。

6）负责特种作业人员统计信息工作。

7）其他监督管理工作。

（2）受委托的市、县建设（筑）主管部门的管理职责

1）负责本行政区域内特种作业人员的监督管理工作，制定本地区特种作业人员考核发证管理制度，建立本地区特种作业人员档案。

2）负责考核基地的初审和考评人员的日常管理。

3）负责特种作业人员考核工作的组织实施。

4）负责特种作业人员考核、延期复核、换证的市、县分级审核。

5）负责特种作业人员执业继续教育。

6）负责特种作业人员的统计信息工作。

7）监督检查特种作业人员的从业活动，查处违章行为并记录在档。

8）其他监督管理工作。

2. 用人单位的管理职责

（1）用人单位对于首次取得执业资格证书的人员，应当在其正式上岗前安排不少于3个月的实习操作。实习操作期间，用人单位应当指定专人指导和监督作业。实习操作期满经用人单位考核合格方可独立作业。（所指定的专人应当从已取得相应特种作业资格证书、从事相关工作3年以上、无不良记录的熟练工中选取。）

（2）与持有效执业资格证书的特种作业人员订立劳动合同。

（3）制定并落实本单位特种作业安全操作规程和安全管理制度。

（4）书面告知特种作业人员违章操作的危害。

（5）向特种作业人员提供齐全、合格的安全防护用品和安全的作业条件。

（6）组织或者委托有能力的培训机构对本单位特种作业人员进行年度安全生产教育培训或者继续教育，时间不少于24小时。

（7）建立本单位特种作业人员管理档案。

（8）查处特种作业人员违章行为并记录在档。

（9）法律法规及有关规定明确的其他职责。

3. 特种作业人员应履行的职责

（1）严格遵守国家有关安全生产规定和本单位的规章制度，按照安全技术标准、规范和规程进行作业。

（2）正确佩戴和使用安全防护用品，并按规定对作业工具和设备进行维护保养。

（3）在施工中发生危及人身安全的紧急情况时，有权立即停止作业或者撤离危险区域，并向施工现场专职安全生产管理人员和项目负责人报告。

（4）自觉参加年度安全教育培训或者继续教育，每年不得少于 24 小时。

（5）拒绝违章指挥，并制止他人违章作业。

（6）法律法规及有关规定明确的其他职责。

4. 特种作业人员资格证书的延期

建筑施工特种作业人员执业资格证书有效期为 2 年。有效期满需要延期的，持证人员本人应当在期满前 3 个月内，向原市县考核受理机关提出申请，市县建设行政主管部门初审后，向省建设行政主管部门申请办理延期复核相关手续。延期复核合格的，证书有效期延期 2 年。

（1）特种作业人员申请资格证书延期复核，应当提交下列材料：

1）延期复核申请表。

2）身份证（原件和复印件）。

3）近 3 个月内由二级乙等以上医院出具的体检合格证明。

4）年度安全教育培训证明和继续教育证明。

5）用人单位出具的特种作业人员管理档案记录。

6）规定提交的其他资料。

（2）特种作业人员在资格证书有效期内，有下列情形之一的，延期复核结果为不合格：

1）超过相关工种规定年龄要求的。

2）身体健康状况不再适应相应特种作业岗位的。

3）对生产安全事故负有直接责任的。

4）2 年内违章操作记录 3 次（含 3 次）以上的。

5）未按规定参加年度安全教育培训或者继续教育的。

6）规定的其他情形。

（3）市县建设（筑）行政主管部门在接到特种作业人员提交的延期复核申请后，应当根据下列情况分别作出处理：

1）对于不符合延期复核申请相关情形的，市县建设（筑）主管部门自收到延期复核资料之日起 5 个工作日内作出不予延期决定，并说明理由。

2）对于提交资料齐全且符合延期复审申请相关情形的，省建筑主管部门自收到市县建设（筑）主管部门延期复核相关手续之日起 10 个工作日内办理准予延期复核手续。

（4）省建筑主管部门应当在资格证书有效期满前按相关规定作出决定，逾期未作出决定的，视为延期复核合格。

5. 特种作业人员资格证书的撤销与注销

（1）省建筑主管部门对有下列情形之一的，应当撤销资格证书

1）持证人弄虚作假骗取资格证书或者办理延期手续的。

2）工作人员违法核发资格证书的。

3）持证人员因安全生产责任事故承担刑事责任的。

4）规定应当撤销的其他情形。

（2）省建筑主管部门对有下列情形之一的，应当注销资格证书

1）按规定不予延期的。

2）持证人逾期未申请办理延期复核手续的。

3）持证人死亡或者不具有完全民事行为能力的。

4）本人提出要求的。

5）规定应当注销的其他情形。

6. 特种作业人员管理的其他要求

（1）持有特种作业资格证书的执业人员，应当受聘于建筑施工企业或者建筑起重机械出租单位（以下简称用人单位），方可从事相应的特种作业。

（2）任何单位和个人不得非法涂改、倒卖、出租、出借或者以其他形式转让资格证书。

（3）特种作业人员变动工作单位，任何单位和个人不得以任何理由非法扣押其执业资格证书。

（4）各地应当建立举报制度，公开举报电话或者电子信箱，受理有关特种作业人员考核、发证以及延期复核的举报。对受理的举报，有关机关和工作人员应当及时妥善处理。

第三章　建筑施工安全生产相关法规及管理制度

第一节　建筑安全生产相关法律主要内容

《中华人民共和国宪法》规定：国家通过各种途径，创造劳动就业条件，加强劳动保护，改善劳动条件，并在发展生产的基础上，提高劳动报酬和福利待遇。

劳动是一切有劳动能力的公民的光荣职责。国有企业和城乡集体经济组织的劳动者都应当以国家主人翁的态度对待自己的劳动。国家提倡社会主义劳动竞赛，奖励劳动模范和先进工作者。

1. 《中华人民共和国建筑法》相关内容

（1）建筑活动应当确保建筑工程质量和安全，符合国家的建筑工程安全标准。

（2）从事建筑活动应当遵守法律、法规，不得损害社会公共利益和他人的合法权益。

（3）建筑工程安全生产管理必须坚持安全第一、预防为主的方针，建立健全安全生产的责任制度和群防群治制度。

（4）建筑施工企业应当在施工现场采取维护安全、防范危险、预防火灾等措施；有条件的，应当对施工现场实行封闭管理。

施工现场对毗邻的建筑物、构筑物和特殊作业环境可能造成损害的，建筑施工企业应当采取安全防护措施。

（5）建筑施工企业应当遵守有关环境保护和安全生产的法律、法规的规定，采取控制和处理施工现场的各种粉尘、废气、废水、固体废物以及噪声、振动对环境的污染和危害的措施。

（6）建筑施工企业必须依法加强对建筑安全生产的管理，执行安全生产责任制度，采取有效措施，防止伤亡和其他安全生产事故的发生。

建筑施工企业的法定代表人对本企业的安全生产负责。

（7）施工现场安全由建筑施工企业负责。实行施工总承包的，由总承包单位负责。分包单位向总承包单位负责，服从总承包单位对施工现场的安全生产管理。

（8）建筑施工企业应当建立健全劳动安全生产教育培训制度，加强对职工安全生产的教育培训；未经安全生产教育培训的人员，不得上岗作业。

（9）建筑施工企业和作业人员在施工过程中，应当遵守有关安全生产的法律、法规和建筑行业安全规章、规程，不得违章指挥或者违章作业。作业人员有权对影响人身健康的作业程序和作业条件提出改进意见，有权获得安全生产所需的防护用品。作业人员对危及生命安全和人身健康的行为有权提出批评、检举和控告。

（10）建筑施工企业必须为从事危险作业的职工办理意外伤害保险，支付保险费。

（11）施工中发生事故时，建筑施工企业应当采取紧急措施减少人员伤亡和事故损失，并按照国家有关规定及时向有关部门报告。

2.《中华人民共和国安全生产法》相关内容

（1）生产经营单位必须遵守本法和其他有关安全生产的法律、法规，加强安全生产管理，建立、健全安全生产责任制和安全生产规章制度，改善安全生产条件，推进安全生产标准化建设，提高安全生产水平，确保安全生产。

（2）有关协会组织依照法律、行政法规和章程，为生产经营单位提供安全生产方面的信息、培训等服务，发挥自律作用，促进生产经营单位加强安全生产管理。

（3）国家实行生产安全事故责任追究制度，依照本法和有关法律、法规的规定，追究生产安全事故责任人员的法律责任。

（4）生产经营单位应当对从业人员进行安全生产教育和培训，保证从业人员具备必要的安全生产知识，熟悉有关的安全生产规章制度和安全操作规程，掌握本岗位的安全操作技能，了解事故应急处理措施，知悉自身在安全生产方面的权利和义务。未经安全生产教育和培训合格的从业人员，不得上岗作业。

（5）生产经营单位的特种作业人员必须按照国家有关规定经专门的安全作业培训，取得相应资格，方可上岗作业。

（6）生产经营单位应当建立健全生产安全事故隐患排查治理制度，采取技术、管理措施，及时发现并消除事故隐患。事故隐患排查治理情况应当如实记录，并向从业人员通报。

（7）承担安全评价、认证、检测、检验的机构应当具备国家规定的资质条件，并对其作出的安全评价、认证、检测、检验的结果负责。

（8）负有安全生产监督管理职责的部门应当建立举报制度，公开举报电话、信箱或者电子邮件地址，受理有关安全生产的举报；受理的举报事项经调查核实后，应当形成书面材料；需要落实整改措施的，报经有关负责人签字并督促落实。

（9）任何单位或者个人对事故隐患或者安全生产违法行为，均有权向负有安全生产监督管理职责的部门报告或者举报。

（10）新闻、出版、广播、电影、电视等单位有进行安全生产宣传教育的义务，有对违反安全生产法律、法规的行为进行舆论监督的权利。

3.《中华人民共和国特种设备安全法》相关内容

（1）特种设备生产、经营、使用单位应当遵守本法和其他有关法律、法规，建立、健全特种设备安全和节能责任制度，加强特种设备安全和节能管理，确保特种设备生产、经营、使用安全，符合节能要求。

（2）任何单位和个人有权向负责特种设备安全监督管理的部门和有关部门举报涉及特种设备安全的违法行为，接到举报的部门应当及时处理。

（3）特种设备生产、经营、使用单位及其主要负责人对其生产、经营、使用的特种设备安全负责。

特种设备生产、经营、使用单位应当按照国家有关规定配备特种设备安全管理人员、检测人员和作业人员，并对其进行必要的安全教育和技能培训。

（4）特种设备安全管理人员、检测人员和作业人员应当按照国家有关规定取得相应资格，方可从事相关工作。特种设备安全管理人员、检测人员和作业人员应当严格执行安全技术规范和管理制度，保证特种设备安全。

（5）特种设备使用单位应当建立岗位责任、隐患治理、应急救援等安全管理制度，制定操作规程，保证特种设备安全运行。

（6）特种设备使用单位应当建立特种设备安全技术档案。

安全技术档案应当包括以下内容：

1）特种设备的设计文件、产品质量合格证明、安装及使用维护保养说明、监督检验证明等相关技术资料和文件；

2）特种设备的定期检验和定期自行检查记录；

3）特种设备的日常使用状况记录；

4）特种设备及其附属仪器仪表的维护保养记录；

5）特种设备的运行故障和事故记录。

（7）特种设备的使用应当具有规定的安全距离、安全防护措施。

（8）特种设备使用单位应当对其使用的特种设备进行经常性维护保养和定期自行检查，并作出记录。

特种设备使用单位应当对其使用的特种设备的安全附件、安全保护装置进行定期校验、检修，并作出记录。

（9）特种设备使用单位应当按照安全技术规范的要求，在检验合格有效期届满前一个月向特种设备检验机构提出定期检验要求。

特种设备检验机构接到定期检验要求后，应当按照安全技术规范的要求及时进行安全性能检验。特种设备使用单位应当将定期检验标志置于该特种设备的显著位置。

未经定期检验或者检验不合格的特种设备，不得继续使用。

（10）特种设备安全管理人员应当对特种设备使用状况进行经常性检查，发现问题应当立即处理；情况紧急时，可以决定停止使用特种设备并及时报告本单位有关负责人。

特种设备作业人员在作业过程中发现事故隐患或者其他不安全因素，应当立即向特种设备安全管理人员和单位有关负责人报告；特种设备运行不正常时，特种设备作业人员应当按照操作规程采取有效措施保证安全。

（11）特种设备出现故障或者发生异常情况，特种设备使用单位应当对其进行全面检查，消除事故隐患，方可继续使用。

（12）负责特种设备安全监督管理的部门在依法履行监督检查职责时，可以行使下列职权：

1）进入现场进行检查，向特种设备生产、经营、使用单位和检验、检测机构的主要负责人和其他有关人员调查、了解有关情况；

2）根据举报或者取得的涉嫌违法证据，查阅、复制特种设备生产、经营、使用单位和检验、检测机构的有关合同、发票、账簿以及其他有关资料；

3）对有证据表明不符合安全技术规范要求或者存在严重事故隐患的特种设备实施查封、扣押；

4）对流入市场的达到报废条件或者已经报废的特种设备实施查封、扣押；

5）对违反本法规定的行为作出行政处罚决定。

（13）特种设备使用单位应当制定特种设备事故应急专项预案，并定期进行应急演练。

（14）特种设备发生事故后，事故发生单位应当按照应急预案采取措施，组织抢救，防止事故扩大，减少人员伤亡和财产损失，保护事故现场和有关证据，并及时向事故发生地县级以上人民政府负责特种设备安全监督管理的部门和有关部门报告。

与事故相关的单位和人员不得迟报、谎报或者瞒报事故情况，不得隐匿、毁灭有关证据或者故意破坏事故现场。

4. 《中华人民共和国劳动合同法》相关内容

（1）用人单位自用工之日起即与劳动者建立劳动关系。用人单位应当建立职工名册备查。

（2）用人单位招用劳动者时，应当如实告知劳动者工作内容、工作条件、工作地点、职业危害、安全生产状况、劳动报酬，以及劳动者要求了解的其他情况；用人单位有权了解劳动者与劳动合同直接相关的基本情况，劳动者应当如实说明。

（3）用人单位招用劳动者，不得扣押劳动者的居民身份证和其他证件，不得要求劳动者提供担保或者以其他名义向劳动者收取财物。

（4）建立劳动关系，应当订立书面劳动合同。

已建立劳动关系，未同时订立书面劳动合同的，应当自用工之日起一个月内订立书面劳动合同。

用人单位与劳动者在用工前订立劳动合同的，劳动关系自用工之日起建立。

（5）劳动合同无效或者部分无效的情形：

1）以欺诈、胁迫的手段或者乘人之危，使对方在违背真实意思的情况下订立或者变更劳动合同的；

2）用人单位免除自己的法定责任、排除劳动者权利的；

3）违反法律、行政法规强制性规定的。

对劳动合同的无效或者部分无效有争议的，由劳动争议仲裁机构或者人民法院确认。

（6）用人单位应当按照劳动合同约定和国家规定，向劳动者及时足额支付劳动报酬。

用人单位拖欠或者未足额支付劳动报酬的，劳动者可以依法向当地人民法院申请支付令，人民法院应当依法发出支付令。

（7）用人单位应当严格执行劳动定额标准，不得强迫或者变相强迫劳动者加班。用人单位安排加班的，应当按照国家有关规定向劳动者支付加班费。

（8）劳动者拒绝用人单位管理人员违章指挥、强令冒险作业的，不视为违反劳动合同。

劳动者对危害生命安全和身体健康的劳动条件，有权对用人单位提出批评、检举和控告。

5.《中华人民共和国刑法》相关内容

（1）【重大责任事故罪】在生产、作业中违反有关安全管理的规定，因而发生重大伤亡事故或者造成其他严重后果的，处三年以下有期徒刑或者拘役；情节特别恶劣的，处三年以上七年以下有期徒刑。

（2）【强令违章冒险作业罪】强令他人违章冒险作业，因而发生重大伤亡事故或者造成其他严重后果的，处五年以下有期徒刑或者拘役；情节特别恶劣的，处五年以上有期徒刑。

（3）【重大劳动安全事故罪】安全生产设施或者安全生产条件不符合国家规定，因而发生重大伤亡事故或者造成其他严重后果的，对直接负责的主管人员和其他直接责任人员，处三年以下有期徒刑或者拘役；情节特别恶劣的，处三年以上七年以下有期徒刑。

（4）【工程重大安全事故罪】建设单位、设计单位、施工单位、工程监理单位违反国家规定，降低工程质量标准，造成重大安全事故的，对直接责任人员，处五年以下有期徒刑或者拘役，并处罚金；后果特别严重的，处五年以上十年以下有期徒刑，并处罚金。

（5）【消防责任事故罪】违反消防管理法规，经消防监督机构通知采取改正措施而拒绝执行，造成严重后果的，对直接责任人员，处三年以下有期徒刑或者拘役；后果特别严重的，处三年以上七年以下有期徒刑。

（6）【不报、谎报安全事故罪】在安全事故发生后，负有报告职责的人员不报或者谎报事故情况，贻误事故抢救，情节严重的，处三年以下有期徒刑或者拘役；情节特别严重的，处三年以上七年以下有期徒刑。

第二节　建筑安全生产相关法规主要内容

1.《建设工程安全生产管理条例》

条例规定了施工单位的相关安全责任，包括：依法取得资质和承揽工程；建立健全安全生产制度和操作规程；保证本单位安全生产条件所需资金的投入；设立安全生产管理机构，配备专职安全生产管理人员；总承包单位对施工现场的安全生产负总责；总承包单位和分包单位对分包工程的安全生产承担连带责任；特种作业人员必须按照国家有关规定经过专门的安全作业培训，并取得特种作业操作资格证书；施工单位的施工组织设计及专项施工方案管理责任；建设工程施工安全技术交底责任；施工现场、办公、生活区安全文明管理责任；相邻建筑物及环保管理责任；施工现场防火管理责任；施工作业人员安全防护及劳保管理责任；施工机械管理责任；施工单位的主要负责人、项目负责人、专职安全生产管理人员任职管理责任；施工单位应当对管理人员和作业人员的安全生产教育培训管理责任；施工单位应当为施工现场从事危险作业的人员办理意外伤害保险等相关安全责任。

相关内容：

（1）垂直运输机械作业人员、安装拆卸工、爆破作业人员、起重信号工、登高架设作业人员等特种作业人员，必须按照国家有关规定经过专门的安全作业培训，并取得特种作业操作资格证书后，方可上岗作业。

（2）施工单位应当在施工现场入口处、施工起重机械、临时用电设施、脚手架、出入通道口、楼梯口、电梯井口、孔洞口、桥梁口、隧道口、基坑边沿、爆破物及有害危险气体和液体存放处等危险部位，设置明显的安全警示标志。安全警示标志必须符合国家标准。

施工单位应当根据不同施工阶段和周围环境及季节、气候的变化，在施工现场采取相应的安全施工措施。施工现场暂时停止施工的，施工单位应当做好现场防护，所需费用由责任方承担，或者按照合同约定执行。

（3）施工单位应当向作业人员提供安全防护用具和安全防护服装，并书面告知危险岗位的操作规程和违章操作的危害。

作业人员有权对施工现场的作业条件、作业程序和作业方式中存在的安全问题提出批评、检举和控告，有权拒绝违章指挥和强令冒险作业。

在施工中发生危及人身安全的紧急情况时，作业人员有权立即停止作业或者在采取必要的应急措施后撤离危险区域。

2.《生产安全事故报告和调查处理条例》

条例对事故报告，事故调查，事故等级及事故处理作出了规定。

相关内容：

（1）根据生产安全事故造成的人员伤亡或者直接经济损失，事故一般分为以下等级：

1）特别重大事故，是指造成30人（含30人）以上死亡，或者100人（含100人）以上重伤（包括急性工业中毒，下同），或者1亿元（含1亿元）以上直接经济损失的事故；

2）重大事故，是指造成10人（含10人）以上30人以下死亡，或者50人（含50人）以上100人以下重伤，或者5000万元（含5000万元）以上1亿元以下直接经济损失的事故；

3）较大事故，是指造成3人（含3人）以上10人以下死亡，或者10人（含10人）以上50人以下重伤，或者1000万元（含1000万元）以上5000万元以下直接经济损失的事故；

4）一般事故，是指造成3人以下死亡，或者10人以下重伤，或者1000万元以下直接经济损失的事故。

（2）事故发生后，事故现场有关人员应当立即向本单位负责人报告；单位负责人接到报告后，应当于1小时内向事故发生地县级以上人民政府安全生产监督管理部门和负有安全生产监督管理职责的有关部门报告。

情况紧急时，事故现场有关人员可以直接向事故发生地县级以上人民政府安全生产监督管理部门和负有安全生产监督管理职责的有关部门报告。

（3）事故调查组有权向有关单位和个人了解与事故有关的情况，并要求其提供相关文件、资料，有关单位和个人不得拒绝。

事故发生单位的负责人和有关人员在事故调查期间不得擅离职守，并应当随时接受事故调查组的询问，如实提供有关情况。

事故调查中发现涉嫌犯罪的，事故调查组应当及时将有关材料或者其复印件移交司法机关处理。

3.《特种设备安全监察条例》

（1）特种设备生产、使用单位应当建立健全特种设备安全、节能管理制度和岗位安全、节能责任制度。

特种设备生产、使用单位的主要负责人应当对本单位特种设备的安全和节能全面负责。

特种设备生产、使用单位和特种设备检验检测机构，应当接受特种设备安全监督管理部门依法进行的特种设备安全监察。

（2）特种设备出现故障或者发生异常情况，使用单位应当对其进行全面检查，消除事故隐患后，方可重新投入使用。

（3）特种设备使用单位应当对特种设备作业人员进行特种设备安全、节能教育和培训，保证特种设备作业人员具备必要的特种设备安全、节能知识。

特种设备作业人员在作业中应当严格执行特种设备的操作规程和有关的安全规章制度。

（4）特种设备作业人员在作业过程中发现事故隐患或者其他不安全因素，应当立即向现场安全管理人员和单位有关负责人报告。

第三节　建筑安全生产相关规章及规范性文件主要内容

1.《建筑起重机械安全监督管理规定》

（1）使用单位应当履行下列安全职责：

1）根据不同施工阶段、周围环境以及季节、气候的变化，对建筑起重机械采取相应的安全防护措施；

2）制定建筑起重机械生产安全事故应急救援预案；

3）在建筑起重机械活动范围内设置明显的安全警示标志，对集中作业区做好安全防护；

4）设置相应的设备管理机构或者配备专职的设备管理人员；

5）指定专职设备管理人员、专职安全生产管理人员进行现场监督检查；

6）建筑起重机械出现故障或者发生异常情况的，立即停止使用，消除故障和事故隐患后，方可重新投入使用。

（2）使用单位应当对在用的建筑起重机械及其安全保护装置、吊具、索具等进行经常性和定期的检查、维护和保养，并做好记录。

（3）禁止擅自在建筑起重机械上安装非原制造厂制造的标准节和附着装置。

（4）建筑起重机械特种作业人员应当遵守建筑起重机械安全操作规程和安全管理制度，在作业中有权拒绝违章指挥和强令冒险作业，有权在发生危及人身安全的紧急情况时立即停止作业或者采取必要的应急措施后撤离危险区域。

（5）建筑起重机械安装拆卸工、起重信号工、起重司机、司索工等特种作业人员应当经建设主管部门考核合格，并取得特种作业操作资格证书后，方可上岗作业。

省、自治区、直辖市人民政府建设主管部门负责组织实施建筑施工企业特种作业人员的考核。

2. 《危险性较大的分部分项工程安全管理办法》

办法对危险性较大的分部分项工程，即房屋建筑和市政基础设施工程在施工过程中，容易导致人员群死群伤或者造成重大经济损失的分部分项工程的前期保障、专项施工方案、现场安全管理及监督管理明确了具体要求。

（1）施工单位应当在施工现场显著位置公告危大工程名称、施工时间和具体责任人员，并在危险区域设置安全警示标志。

（2）专项施工方案实施前，编制人员或者项目技术负责人应当向施工现场管理人员进行方案交底。

施工现场管理人员应当向作业人员进行安全技术交底，并由双方和项目专职安全生产管理人员共同签字确认。

（3）施工单位应当对危大工程施工作业人员进行登记，项目负责人应当在施工现场履职。

项目专职安全生产管理人员应当对专项施工方案实施情况进行现场监督，对未按照专项施工方案施工的，应当要求立即整改，并及时报告项目负责人，项目负责人应当及时组织限期整改。

施工单位应当按照规定对危大工程进行施工监测和安全巡视，发现危及人身安全的紧急情况，应当立即组织作业人员撤离危险区域。

（4）危大工程发生险情或者事故时，施工单位应当立即采取应急处置措施，并报告工程所在地住房城乡建设主管部门。建设、勘察、设计、监理等单位应当配合施工单位开展应急抢险工作。

第四章　建筑施工安全防护基本知识

第一节　个人安全防护用品的使用

1. 安全帽

安全帽是对人的头部受坠落物及其他特定因素引起的伤害起防护作用的防护用品。由帽壳、帽衬、下颌带和帽箍等组成。

施工现场工人必须佩戴安全帽。

（1）安全帽的作用

主要是为了保护头部不受到伤害。并在出现以下几种情况时保护人的头部不受伤害或降低头部伤害的程度。

1）飞来或坠落下来的物体击向头部时；

2）当作业人员从 2m 及以上的高处坠落下来时；

3）当头部有可能触电时；

4）在低矮的部位行走或作业，头部有可能碰到尖锐、坚硬的物体时。

（2）安全帽佩戴注意事项

安全帽的佩戴要符合标准，使用应符合规定。佩戴时要注意下列事项：

1）戴安全帽前应将调整带按自己头型调整到适合的位置，然后将帽内弹性带系牢。缓冲衬垫的松紧由带子调节，人的头顶和帽体内顶部的空间垂直距离一般在 25～50mm。这样才能保证当遭受到冲击时，帽体有足够的空间可供缓冲，平时也有利于头和帽体间的通风。

2）不要把安全帽歪戴，也不要把帽檐戴在脑后方。否则，会降低安全帽对于冲击的防护作用。

3）为充分发挥保护力，安全帽佩戴时必须按头号围的大小调整帽箍并系紧下颏带。

4）安全帽体顶部除了在帽体内部安装了帽衬外，有的还开了小孔通风。但在使用时不要为了透气而随便再行开孔，因为这样会降低帽体的强度。

5）安全帽要定期检查。检查有没有龟裂、下凹、裂痕和磨损等情况，发现异常现象要立即更换，不准再继续使用。任何受过重击、有裂痕的安全帽，不论有无损坏现象，均应报废。

6）在现场室内作业也要戴安全帽，特别是在室内带电作业时，更要认真戴好安全帽，因为安全帽不但可以防碰撞，而且还能起到绝缘作用。

7）平时使用安全帽时应保持整洁，不能接触火源，不要任意涂刷油漆，不准当凳子坐。如果丢失或损坏，必须立即补发或更换，无安全帽一律不准进入施工现场。

2. 安全带

安全带是用于防止高处作业人员发生坠落或发生坠落后将作业人员安全悬挂的个体防护装备。主要由安全绳、缓冲器、主带、辅带等部件组成。

为了防止作业者在某个高度和位置上可能出现的坠落，作业者在登高和高处作业时，必须系挂好安全带。安全带的使用和维护有以下几点要求：

（1）高处作业施工前，应对作业人员进行安全技术教育及交底，并应配备相应防护用品。作业人员应从思想上重视安全带的作用，作业前必须按规定要求系好安全带。

（2）安全带在使用前要检查各部位是否完好无损，所有零部件应顺滑，无材料或制造缺陷，无尖角或锋利边缘。

（3）挂点强度应满足安全带的负荷要求，挂点不是安全带的组成部分，但同安全带的使用密切相关。高处作业如无固定挂点，应采用适当强度的钢丝绳或采取其他方法悬挂。禁止挂在移动或带尖税梭角或不牢固的物件上。

（4）高挂低用。将安全带挂在高处，人在下面工作就叫高挂低用。它可以使坠落发生时的实际冲击距离减小。与之相反的是低挂高用。因为当坠落发生时，实际冲击的距离会加大，人和绳都要受到较大的冲击负荷。所以安全带必须高挂低用，严禁低挂高用。

（5）安全带绳保护套要保持完好，以防绳被磨损。若发现保护套损坏或脱落，必须加上新套后再使用。

（6）安全带严禁擅自接长使用。如果使用 3m 及以上的长绳时必须要加缓冲器，各部件不得任意拆除。

（7）安全带在使用后，要注意维护和保管。要经常检查安全带缝制部分和挂钩部分，必须详细检查捻线是否发生裂断和残损等。

（8）安全带不使用时要妥善保管，不可接触高温、明火、强酸、强碱或尖锐物体，不要存放在潮湿的仓库中保管。

（9）安全带在使用两年后应抽验一次，频繁使用应经常进行外观检查，发现异常必须立即更换。定期或抽样试验用过的安全带，不准再继续使用。

3. 防护服

建筑施工现场作业人员应穿着工作服。焊工的工作服一般为白色，其他工种的工作服没有颜色的限制。

（1）防护服的分类

建筑施工现场的防护服主要有以下几类：

1）全身防护型工作服；

2）防毒工作服；

3）耐酸工作服；

4）耐火工作服；

5）隔热工作服；

6）通气冷却工作服；

7）通水冷却工作服；

8）防射线工作服；

9）劳动防护雨衣；

10）普通工作服。

（2）防护服的穿着

施工现场对作业人员防护服的穿着要求主要有：

1）作业人员作业时必须穿着工作服；

2）操作转动机械时，袖口必须扎紧；

3）从事特殊作业的人员必须穿着特殊作业防护服；

4）焊工工作服应是白色帆布制作。

4．防护鞋

防护鞋的种类比较多，应根据作业场所和内容的不同选择使用。电力建设施工现场上常用的有绝缘靴（鞋）、焊接防护鞋、耐酸碱橡胶靴及皮安全鞋等。

对绝缘鞋的要求有：

（1）必须在规定的电压范围内使用；

（2）绝缘鞋（靴）胶料部分无破损，且每半年作一次预防性试验；

（3）在浸水、油、酸、碱等条件上不得作为辅助安全用具使用。

5．防护手套

使用防护手套时，必须对工件、设备及作业情况分析之后，选择适当材料制作的，操作方便的手套，方能起到保护作用。施工现场上常用的防护手套有下列几种：

（1）劳动保护手套。具有保护手和手臂的功能，作业人员工作时一般都使用这类手套。

（2）带电作业用绝缘手套。要根据电压选择适当的手套，检查表面有无裂痕、发黏、发脆等缺陷，如有异常禁止使用。

（3）耐酸、耐碱手套。主要用于接触酸和碱时戴的手套。

（4）橡胶耐油手套。主要用于接触矿物油、植物油及脂肪簇的各种溶剂作业时戴的手套。

（5）焊工手套。电、火焊工作业时戴的防护手套，应检查皮革或帆布表面有无僵硬、薄档、洞眼等残缺现象，如有缺陷，不准使用。手套要有足够的长度，手腕部不能裸露在外边。

第二节　安全色与安全标志

安全色和安全标志是国家规定的两个传递安全信息的标准。尽管安全色和安全标志是一种消极的、被动的防御性的安全警告装置，并不能消除、控制危险，不能取代其他防范安全生产事故的各种措施，但它们形象而醒目地向人们提供了禁止、警告、指令、提示等安全信息，对于预防安全生产事故的发生具有重要作用。

1. 安全色的概念

安全色，就是传递安全信息含义的颜色，包括红、蓝、黄、绿四种颜色。对比色，是使安全色更加醒目的反衬色，包括黑、白两种颜色。对比色要与安全色同时使用。

安全色适用于工业企业、交通运输、建筑、消防、仓库、医院及剧场等公共场所使用的信号和标志的表面色，不适用于灯光信号、航海、内河航运以及其他目的而使用的颜色。

2. 安全色的含义

安全色的红、蓝、黄、绿四种颜色，分别代表不同的含义。

（1）红色。表示禁止、停止、危险以及消防设备的意思。凡是禁止、停止、消防和有危险的器件或环境均应涂以红色的标记作为警示的信号。

（2）蓝色。表示指令，要求人们必须遵守的规定。

（3）黄色。表示提醒人们注意。凡是警告人们注意的器件、设备及环境都应以黄色表示。

（4）绿色。表示给人们提供允许、安全的信息。

（5）对比色与安全色同时使用。

（6）安全色与对比色的相间条纹。

红色与白色相间条纹——表示禁止人们进入危险环境。

黄色与黑色相间条纹——表示提示人们特别注意的意思。

蓝色和白色相间条纹——表示必须遵守规定的意思。

绿色和白色相间条纹——与提示标志牌同时使用，更为醒目地提示人们。

3. 安全色的使用

安全色的使用范围很广，可以使用在安全标志上，也可以直接使用在机械设备上；可以在室内使用，也可以在户外使用。如红色的，各种禁止标志；黄色的，各种警告标志；蓝色的，各种指令标志；绿色的，各种提示标志等等。

安全色有规定的颜色范围，超出范围就不符合安全色的要求。颜色范围所规定的安全色是最不容易互相混淆的颜色。对比色是为了使安全色更加醒目而采用的反衬色，它的作用是提高物体颜色的对比度。

4. 安全标志的概念

安全标志是用以表达特定安全信息的标志，由图形符号、安全色、几何图形（边框）或文字构成。

安全标志适用于工矿企业、建筑工地、厂内运输和其他有必要提醒人们注意安全的场所。使用安全标志，能够引起人们对不安全因素的注意，从而达到预防事故、保证安全的目的。但是，安全标志的使用只是起到提示、提醒的作用，它不能代替安全操作规程，也不能代替其他的安全防护措施。

5. 安全标志的种类

安全标志分禁止标志、警告标志、指令标志和提醒标志四大类型。

（1）禁止标志。禁止标志的含义是禁止人们安全行为的图形标志。其基本形式是带斜杠的圆边框，采用红色作为安全色。

（2）警告标志。警告标志的基本含义是提醒人们对周围环境引起注意，以避免可能发生危险的图形标志。其基本形式是正三角形边框，采用黄色作为安全色。

（3）指令标志。指令标志的含义是强制人们必须做出某种动作或采用防范措施的图形标志。其基本形式是圆形边框，采用蓝色作为安全色。

（4）提示标志。提示标志的含义是向人们提供某种信息（如标明安全设施或场所等）的图形标志。其基本形式是正方形边框，采用绿色作为安全色。

第三节　高处作业安全知识

1. 高处作业的基本概念

凡在坠落高度基准面 2m 及以上，有可能坠落的高处进行的作业，均称为高处作业。

2. 建筑施工高处作业常见形式及安全措施

（1）临边作业

临边作业是指在工作面边沿无围护或围护设施高度低于 800mm 的高处作业，包括楼板边、楼梯段边、屋面边、阳台边、各类坑、沟、槽等边沿的高处作业。

进行临边作业时，应在临空一侧设置防护栏杆，并应采用密目式安全立网或工具式栏板封闭。

1）分层施工的楼梯口、楼梯平台和梯段边，应安装防护栏杆；外设楼梯口、楼梯平台和梯段边还应采用密目式安全立网封闭。

2）建筑物外围边沿处，应采用密目式安全立网进行全封闭，有外脚手架的工程，密目式安全立网应设置

3）在脚手架外侧立杆上，并与脚手杆紧密连接；没有外脚手架的工程，应采用密目式安全立网将临边全封闭。

4）施工升降机、龙门架和井架物料提升机等各类垂直运输设备设施与建筑物间设置的通道平台两侧边，应设置防护栏杆、挡脚板，并应采用密目式安全立网或工具式栏板封闭。

5）各类垂直运输接料平台口应设置高度不低于 1.80m 的楼层防护门，并应设置防外开装置；多笼井架物料提升机通道中

间，应分别设置隔离设施。

（2）洞口作业

洞口作业是指在地面、楼面、屋面和墙面等有可能使人和物料坠落，其坠落高度大于或等于2m的洞口处的高处作业。

在洞口作业时，应采取防坠落措施，并应符合下列规定：

1）当垂直洞口短边边长小于500mm时，应采取封堵措施；当垂直洞口短边边长大于或等于500mm时，应在临空一侧设置高度不小于1.2m的防护栏杆，并应采用密目式安全立网或工具式栏板封闭，设置挡脚板。

2）当非垂直洞口短边尺寸为25～500mm时，应采用承载力满足使用要求的盖板覆盖，盖板四周搁置应均衡，且应防止盖板移位。

3）当非垂直洞口短边边长为500～1500mm时，应采用专项设计盖板覆盖，并应采取固定措施。

4）当非垂直洞口短边边长大于或等于1500mm时，应在洞口作业侧设置高度不小于1.2m的防护栏杆，并应采用密目式安全立网或工具式栏板封闭；洞口应采用安全平网封闭。

5）电梯井口应设置防护门，其高度不应小于1.5m，防护门底端距地面高度不应大于50mm，并应设置挡脚板。

6）在进入电梯安装施工工序之前，同时井道内应每隔10m且不大于2层加设一道水平安全网。电梯井内的施工层上部，应设置隔离防护设施。

7）施工现场通道附近的洞口、坑、沟、槽、高处临边等危险作业处，应悬挂安全警示标志外，夜间应设灯光警示。

8）边长不大于500mm洞口所加盖板，应能承受不小于1.1kN/m^{2}的荷载。

9）墙面等处落地的竖向洞口、窗台高度低于800mm的竖向洞口及框架结构在浇注完混凝土没有砌筑墙体时的洞口，应按临边防护要求设置防护栏杆。

（3）攀登作业

攀登作业是指借助登高用具或登高设施进行的高处作业。攀登作业应注意以下事项：

1）攀登的用具，结构构造上必须牢固可靠。

2）梯子底部应坚实，并有防滑措施，不得垫高使用，梯子的上端应有固定措施。

3）单梯不得垫高使用，使用时应与水平面成75°夹角，踏步不得缺失，其间距宜为300mm。当梯子需接长使用时，应有可靠的连接措施，接头不得超过1处。连接后梯梁的强度，不应低于单梯梯梁的强度。

4）固定式直爬梯应用金属材料制成。使用直爬梯进行攀登作业时，攀登高度以5m为宜，超过8m时，应设置梯间平台。

5）上下梯子时，必须面向梯子，且不得手持器物。

（4）交叉作业

交叉作业是指垂直空间贯通状态下，可能造成人员或物体坠落，并处于坠落半径范围内、上下左右不同层面的立体作业。交叉作业时应注意以下事项：

1）各工种进行上下立体交叉作业时，不得在同一垂直方向上操作，下层作业的位置，必须处于依上层高度确定的可能坠落半径范围之外，不符合以上条件时，应设安全防护层。

2）钢模板、脚手架拆除时，下方不得有人施工。

3）模板拆除后，临边堆放处离楼层边沿不应小于1m，堆放高度不得超过1m，楼层边口、通道口、脚手架边缘等处，严禁堆放任何物件。

4）结构施工自2层起，凡人员进出的通道口（包括井架、施工电梯的进出通道口），均应搭设双层防护棚。

5）在建建筑物旁或在塔机吊臂回转半径范围之内的主要通道，临时设施、钢筋、本工作业区等必须搭设双层防护棚。

第五章　施工现场消防基本知识

第一节　施工现场消防知识概述及
常用消防器材

1. 施工现场消防知识概述

我国消防工作实行预防为主、消防结合的方针。按照政府统一领导、部门依法监管、单位全面负责、公民积极参与的原则，实行消防安全责任制，建立健全社会化的消防工作网络。

建设工程施工现场的防火，必须遵循国家有关方针、政策，针对不同施工现场的火灾特点，立足自防自救，采取可靠防火措施，做到安全可靠、经济合理、方便适用。

燃烧的发生必须具备三个条件，即：可燃物、助燃物和着火源。因此，制止火灾发生的基本措施包括：

（1）控制可燃物，以难燃或不燃的材料代替易燃或可燃的。

（2）隔绝空气，使用易燃物质的生产应密闭的设备中进行。

（3）消除着火源。

（4）阻止火势蔓延，在建筑物之间筑防火墙，设防火间距，防止火灾扩大。

2. 建筑施工现场消防器材的配置和使用

（1）在建工程及临时用房的下列场所应配置灭火器：

1）易燃易爆危险品存放及使用场所；

2）动火作业场所；

3）可燃材料存放、加工及使用场所；

4）厨房操作间、锅炉房、发电机房、变配电房、设备用房、办公用房、宿舍等临时用房；

5）其他具有火灾危险的场所。

（2）建筑施工现场常用灭火器及使用方法：

1）泡沫灭火器。药剂：筒内装有碳酸氢钠、发沫剂、硫酸铝溶液。用途：适用于扑救油脂类、石油产品及一般固体初起的火灾；不适用于扑救忌水化学品和电气火灾。使用方法：手指堵住喷嘴，将筒体上下颠倒2次，打开开关，药剂即喷出。

2）干粉灭火器。药剂：钢筒内装有钾盐或钠盐粉，并备有盛装压缩气体的小钢瓶。用途：适用于扑救石油及其产品、可燃气体和电气设备初起的火灾。使用方法：提起筒，拔掉保险销环，干粉即可喷出。

3）二氧化碳灭火器。药剂：瓶内装有压缩或液态的二氧化碳。用途：主要适用于扑救贵重设备档案资料，仪器仪表，600V以下的电器及油脂等火灾；禁止使用二氧化碳灭火器灭火的物品有，遇有燃烧物品中的锂、钠、钾、铯、锶、镁、铝粉等。使用方法：拔掉安全销，一手拿好喇叭筒对着火源，另一手压紧压把打开开关即可。

4）酸碱灭火器。用途：主要适用于扑救竹、木、棉、毛、草、纸等一般初起火灾，但对忌水的化学物品、电气、油类不宜用。

（3）消防栓、消防带、消防水枪

消防栓按安装区域分有室内、室外消防栓两种；按安装位置分有地上式与地下式两种；按消防介质分有水消防栓和泡沫消防栓两种。消防栓应在任意时刻均处于工作状态。

1）消防水带应配相对口径的水带接口方能使用。水带接口装置于水带两端，用于水带与水带、消火栓或水枪之间的连接，以便进行输水或水和泡沫混合液，其接口为内扣式。

2）水枪是装在水带接口上，起射水作用的专用部件。各种水枪的接口形式均为内扣式。

3）消防栓的开关位置在其顶部，必须用专用扳手操作，其顶盖上有开关标志符。

使用时应先安好消防水带，之后打开消防栓上封盖把水带固定好，然后再打开消防栓。在使用消防栓灭火时，必须两人以上操作，当水带充满水后，一人拿枪，一人配合移动消防水带。

第二节　施工现场消防管理制度及相关规定

施工现场的消防安全由施工单位负责。实行施工总承包的，应由总承包单位负责。分包单位向总承包单位负责，并应服从总承包单位的管理，同时应承担国家法律、法规规定的消防责任和义务。施工现场建立消防管理制度，落实消防责任制和责任人员，建立义务消防队，定期对有关人员进行消防教育，落实消防措施。

1. 施工现场消防管理制度

（1）施工单位应编制施工现场灭火及应急疏散预案。灭火及应急疏散预案应包括下列主要内容：

1）应急灭火处置机构及各级人员应急处置职责；

2）报警、接警处置的程序和通讯联络的方式；

3）扑救初起火灾的程序和措施；

4）应急疏散及救援的程序和措施。

（2）施工人员进场时，施工现场的消防安全管理人员应向施工人员进行消防安全教育和培训。消防安全教育和培训应包括下列内容：

1）施工现场消防安全管理制度、防火技术方案、灭火及应急疏散预案的主要内容；

2）施工现场临时消防设施的性能及使用、维护方法；

3）扑灭初起火灾及自救逃生的知识和技能；

4）报警、接警的程序和方法。

（3）施工作业前，施工现场的施工管理人员应向作业人员进行消防安全技术交底。消防安全技术交底应包括下列主要内容：

1）施工过程中可能发生火灾的部位或环节；

2）施工过程应采取的防火措施及应配备的临时消防设施；

3）初起火灾的扑救方法及注意事项；

4）逃生方法及路线。

（4）施工过程中，施工现场的消防安全负责人应定期组织消防安全管理人员对施工现场的消防安全进行检查。消防安全检查应包括下列主要内容：

1）可燃物及易燃易爆危险品的管理是否落实；

2）动火作业的防火措施是否落实；

3）用火、用电、用气是否存在违章操作，电、气焊及保温防水施工是否执行操作规程；

4）临时消防设施是否完好有效；

5）临时消防车道及临时疏散设施是否畅通。

2. 施工现场消防管理规定

（1）施工现场动火作业

1）动火作业应办理动火许可证，动火许可证的签发人收到动火申请后，应前往现场查验并确认动火作业的防火措施落实后，再签发动火许可证；

2）动火操作人员应具有相应资格；

3）焊接、切割、烘烤或加热等动火作业前，应对作业现场的可燃物进行清理；作业现场及其附近无法移走的可燃物应采用不燃材料覆盖或隔离；

4）施工作业安排时，宜将动火作业安排在使用可燃建筑材料施工作业之前进行。确需在可燃建筑材料施工作业之后进行动火作业的，应采取可靠的防火保护措施；

5）裸露的可燃材料上严禁直接进行动火作业；

6）焊接、切割、烘烤或加热等动火作业应配备灭火器材，并应设置动火监护人进行现场监护，每个动火作业点均应设置1个监护人；

7）五级（含五级）以上风力时，应停止焊接、切割等室外动火作业，确需动火作业时，应采取可靠的挡风措施；

8）动火作业后，应对现场进行检查，并应在确认无火灾危险后，动火操作人员再离开。

（2）施工现场用电

1）电气线路应具有相应的绝缘强度和机械强度，禁止使用绝缘老化或失去绝缘性能的电气线路，严禁在电气线路上悬挂物品。破损、烧焦的插座、插头应及时更换；

2）电气设备与可燃、易燃易爆和腐蚀性物品应保持一定的安全距离；

3）距配电盘 2m 范围内不得堆放可燃物，5m 范围内不应设置可能产生较多易燃、易爆气体、粉尘的作业区；

4）可燃库房不应使用高热灯具，易燃易爆危险品库房内应使用防爆灯具；

5）电气设备不应超负荷运行或带故障使用；

（3）施工现场用气

1）储装气体罐瓶及其附件应合格、完好和有效；严禁使用减压器及其他附件缺损的氧气瓶，严禁使用乙炔专用减压器、回火防止器及其他附件缺损的乙炔瓶；

2）气瓶应保持直立状态，并采取防倾倒措施，乙炔瓶严禁横躺卧放；

3）严禁碰撞、敲打、抛掷、溜坡或滚动气瓶；

4）气瓶应远离火源，与火源的距离不应小于 10m，并应采取避免高温和防止曝晒的措施；

5）气瓶应分类储存，库房内应通风良好；空瓶和实瓶同库存放时，应分开放置，两者间距不应小于 1.5m；

6）瓶装气体使用前，应检查气瓶及气瓶附件的完好性，检查连接气路的气密性，并采取避免气体泄漏的措施，严禁使用已老化的橡皮气管；

7）氧气瓶与乙炔瓶的工作间距不应小于 5m，气瓶与明火作业点的距离不应小于 10m；

8）冬季使用气瓶，气瓶的瓶阀、减压阀等发生冻结时，严禁用火烘烤或用铁器敲击瓶阀，严禁猛拧减压器的调节螺丝；

9）氧气瓶内剩余气体的压力不应少于 0.1MPa，气瓶用后应及时归库。

第六章　施工现场应急救援基本知识

第一节　生产安全事故应急救援
预案管理相关知识

1. 生产安全事故应急救援预案的概念

生产安全事故应急救援预案是为了有效预防和控制可能发生的事故，最大程度减少事故及其损害而预先制定的工作方案。它是事先采取的防范措施，将可能发生的等级事故损失和不利影响减少到最低的有效方法。

2. 建筑施工企业生产安全事故应急救援预案的管理

施工单位的应急救援预案应经专家评审或者论证后，由企业主要负责人签署发布。施工项目部的安全事故应急救援预案在编制完成后报施工企业审批。

建筑工程施工期间，施工单位应当将生产安全事故应急救援预案在施工现场显著位置公示，并组织开展本单位的应急救援预案培训交底活动，使有关人员了解应急救援预案的内容、熟悉应急救援职责、应急救援程序和岗位应急救援处置方案。

建筑施工单位应当制定本单位的应急预案演练计划，根据本单位的事故预防重点，每年至少组织一次综合应急预案演练或者专项应急预案演练，每半年至少组织一次现场处置方案演练。

第二节　现场急救基本知识

1. 施工现场应急救护要点

（1）对骨伤人员的救护

1）不能随便搬动伤者，以免不正确的搬动（或移动）给伤者带来二次伤害。例如凡是胸、腰椎骨折者，头、颈部外伤者，不能任意搬动，尤其不能屈曲。

2）在需要搬动时，用硬板固定受伤部位后方可搬动。

3）用担架搬运时，要使伤员头部向后，以便后面抬担架的人可以随时观察其伤情变化。

（2）对眼睛伤害人员的救护

1）眼有异物时，千万不要自行用力眼睛，应通过药水、泪水、清水冲洗，仍不能把异物冲掉时，才能扒开眼睑，仔细小心清除眼里异物，如仍无法清除异物或伤势较重时，应立即到医院治疗。

2）当化学物质（如砌筑用的石灰膏）进入眼内，立即用大量的清水冲洗。冲洗时要扒开眼睑，使水能直接冲洗眼睛，要反复冲洗，时间至少 15min 以上。在无人协助的情况下，可用一盆水，双眼浸入水中，用手分开眼睑，做睁、闭眼、转动立即到医院做必要的检查和治疗。

（3）心肺复苏术

心肺复苏术，是在建筑工地现场对呼吸心骤停病人给予呼吸和循环支持所采取的急救，急救措施如下：

1）畅通气道：托起患者的下颌，使病人的头向后仰，如口中有异物，应先将异物排除。

2）口对口人工呼吸：握闭病人的鼻孔，深吸气后先连续快速向病人口内吹气 4 次，吹气频率以每分钟 2～16 次。如遇特殊情况（牙关紧闭或外伤），可采用口对鼻人工呼吸。

3）胸外脏按压：双手在放病人胸骨的下 1/3 段（剑突上两

根指），有节奏地垂直向下按压胸骨干段，成人按压的深度为胸骨下陷 4～5cm 为宜。一般按压 15 次，吹气 2 次。

4）胸外心脏按压和口对口吹气需要交替进行。最好有两个人同时参加急救，其中一个人作口对口吹气。

（4）外伤常用止血方法

1）一般止血法：凡出血较少的伤口，可在清洗伤口后盖上一块消毒纱布，并用绷带或胶布固定即可。

2）指压止血法：可用干净的布（没有布可以用手）直接按压伤口，直到不出血为止。

3）加压包扎止血法：用纱布，棉花等垫放在伤口上，用较大的力进行包扎。并尽量抬高受伤部位。加压时力量也不可过大，或扎得过紧，如以免引起受伤部位局部缺血造成坏死。

2. 建筑施工现场主要事故类型及救援常识

（1）触电事故及救援常识

1）发现有人触电时，不要直接用手去拖拉触电者，应首先迅速拉电闸断电，现场无电电闸时，使用木方等不导电的材料或用干衣服包严双手，将触电者拖离电源。

2）根据触电者的状况现场进行人工急救（如心肺复苏），并迅速向工地负责人报告或报警。

（2）火灾事故及救援常识

1）最早发现者应立即大声呼救，并根据情况立即采取正确方法灭火。当判断火势无法控制时，要迅速报警和向有关人员报告。

2）根据火灾的影响范围，迅速把无关人员疏散到指定的消防安全区。作业区发生火灾时，可采用建筑物内楼梯、外脚手架上下梯、离火灾现场较远的外施工电梯等疏散人员。不得使用离火灾现场较近的外施工电梯，严禁使用室内电梯疏散人员。

3）当火势无法控制时，要及时采取隔离火源措施，及时搬出附近的易燃易爆物以及贵重物品，防止火势蔓延到有易燃易爆物品或存放贵重物品的地点。当有可能发生气瓶爆炸或火势已无法控制且危及人员生命安全时,迅速将救火人员撤离到安全地方,等待专职消防队救援或采取其他必要措施。

4）火灾逃生自救知识原则

如果发现火势无法控制,应保持镇静,判断危险地点和安全地点,决定逃生方法和路线,尽快撤离险地。

通过浓烟区逃生时,如无防毒面具等护具,可用湿等毛巾捂住口鼻,并尽可能贴近地面,以匍匐姿势快速前进,如有条件可向头部、身上浇冷水或用湿毛巾、湿棉被,湿毯子等将头、身裹好再冲出去。

（3）易燃易爆气体泄漏事故应急常识

1）最早发现者应立即大声呼救,并向有关人员报告或报警。根据情况立即采取正确方法施救,如尝试采取关闭阀门、堵漏洞等措施截断、控制泄露,若无法控制,应迅速撤离。

2）在气体泄露区内严禁使用手机、电话或启动电器设备,并禁止一切产生明火或火花的行为。

3）疏散无关人员,迅速远离危险区域,治安保卫人员要迅速建立禁区,严禁无关人员进入。同时停止附近的作业。

4）在未有安全保障措施的情况下,不要盲目行动,应等待公安消防队或其他专业救援队伍处理。

（4）发现坍塌预兆或坍塌事故应急常识:

1）发现坍塌预兆时,发现者应立即大声呼唤,停止作业,迅速疏散人员撤离现场,并向项目部报告。待险情排除,并得到有关人员同意后,方可重新进入现场作业。

2）当事故发生后,发现者应立即大声呼救,同时向有关人员报告或报警。项目部根据情况立即采取措施组织抢救,同时向上级部门报告。

3）迅速判断事故发展状态和现场情况,采取正确应急控制措施,判断清楚被掩埋人员位置,立即组织人员全力挖掘抢救。

4）在救护过程中要防止二次坍塌伤人,必要时先对危险的地方采取一定的加固措施。

5）按照有关救护知识，立即救护抢救出来的伤员，在等待医生救治或送往医院抢救过程中，不要停止和放弃施救。

（5）有毒气体中毒事故应急常识

1）最早发现者应立即大声呼救，向有关人员报告或报警，如原因明确应立即采取正确方法施救，但绝不可盲目救助。

2）迅速查明事故原因和判断事故发展状态，采取正确方法施救。

如中毒事故必须先通风或戴好防毒面具方可救人；如缺氧，则要戴好有供氧的防毒面具才可救人。

3）救出伤员后按照有关救护知识，立即救护伤员，在等待医生救治或送往医院抢救过程中，不要停止和放弃施救，如采用人工呼吸，或输氧急救等。

4）现场不具备抢救条件时，立即向社会求救。

（6）高处坠落伤害急救常识

1）坠落在地的伤员，应初步检查伤情，不得随意搬动。

2）立即呼叫"120"急救医生前来救治。

3）采取初步急救措施：止血、包扎、固定。

4）注意固定颈部、胸腰部椎，搬运时保持动作一致平稳，避免伤员柱弯曲扭动加重伤情。

3. 施工现场报警注意事项

（1）按工地写出的报警电话，进行报警。

（2）报告事故类型。说明伤情（病情、火情、案情）等，好让救护人员事先做好急救的准备。如火灾报警时要尽量说明燃烧或爆炸物质、燃烧程度、人员伤亡、发生火灾楼层等情况。

（3）说明单位（或事故地）的电话或手机号码，以便救护车（消防车、警车）随时用电话通讯联系。

（4）可用几部电话或手机，由数人同时向有关救援单位报警求救，以便让各种救援单位都能以最快的速度到达事故现场。

第二部分 专业基础知识

第七章 翻斗车的结构与工作原理

翻斗车广泛适用于建筑、市政、矿山、水利工程等行业，主要用于混凝土、灰、砂石和土石方等散装材料的短距离运输。

其通常采用前轮驱动、后轮转向、前翻式自动回位装置，使用操作简单、灵活、维修方便，具备一般技术的人员均可操作、使用，外形图如图 7-1 所示。

图 7-1 翻斗车

第一节 翻斗车的功能与分类

1. 翻斗车的功能

翻斗车是目前我国工程施工中广泛使用的小型机动运输车辆，这种车辆结构简单而独特，同时由于机型较小，机动性强，非常适于施工现场的狭窄场地中作业。翻斗车广泛用于施工现场短距离运输各种散碎物料，配合搅拌机运输混凝土和砂浆，是替代人力车进行水平运输的良好工具。

其车身上安装有"斗"状容器，可以翻转以方便卸货，通常有机械回斗功能或液压系统实现回斗。

2. 翻斗车的分类

按结构形式，其可分为整车式和铰接式；按发动机启动方式可分为手摇启动和电启动；按翻斗方式可分为手动回位弹簧翻斗和液压翻斗；按驱动方式可分为两轮驱动和四轮驱动。

第二节　翻斗车的主要技术参数
（以 F-10 型为例）

1. 整车参数

（1）型号：　　　　　　　　　　F-10

（2）翻斗容量（L）：

　　　　　　　　　　　　　　　装水容量：317

　　　　　　　　　　　　　　　单斗容量：467

　　　　　　　　　　　　　　　堆　　尖：765

（3）载重量（kg）：　　　　　　1000

（4）轴距（mm）：　　　　　　　1500

（5）轮距（mm）：　　　　　　　前轮 1320　后轮 1290

（6）离地间隙（mm）：　　　　　大于 200

（7）最小转弯半径（mm）：　　　小于 4000

（8）最大爬坡度：　　　　　　　20°

（9）外形尺寸（mm）：见铭牌

（10）空车重量（kg）（包括油、水）：1100

2. 发动机主要技术参数及配套件型号

（1）型号：　　　　　　　　　　S1100（M）

（2）形式：　　　　　　　　　　卧式、单缸、四冲程、涡流室、水冷

57

（3）气缸直径：　　　　　　100mm

（4）活塞行程：　　　　　　115mm

（5）ISO 标准功率：　　　　10.29kW

（6）额定转速：　　　　　　2000r/min

（7）排量：　　　　　　　　0.903L

（8）压缩比：　　　　　　　20∶1

（9）冷却方式：　　　　　　水冷蒸发式

（10）启动方式：　　　　　　手摇（电动）

（11）净质量：　　　　　　　≤150（165）kg

（12）喷油泵：　　　　　　　B72-41 号

（13）喷油器：　　　　　　　Z25-00

（14）柴油滤清器：　　　　　C0506C 单体纸质滤清器

（15）照明发电机：　　　　　SFF45 飞轮式交流发电机

3. 传动系统

（1）离合器型式：　　　　　干式单（双）片　经常结合式

（2）变速箱型式：　　　　　齿轮式　三个前进挡　一个倒挡

（3）传动轴型式：　　　　　管状、开式、滚针轴承万向节

（4）差速器型式：　　　　　螺旋锥齿轮

（5）半轴型式：　　　　　　锥度半轴

4. 行走、转向系

（1）车架型式：　　　　　　槽钢焊接

（2）驱动桥（前桥）：　　　130 驱动桥式

（3）转向桥（后桥）：　　　槽钢、柱销焊接

（4）轮胎规格：　　　　　　前轮 7.50-16　后轮 5.50-16

（5）转向器型式：　　　　　球面螺杆双滚轮式

5. 翻斗及锁紧机构

（1）翻斗型式：　　　　　　V 型

（2）倾翻和回斗方法：向前重力自动倾翻；机械弹簧式回斗

6. 电气系统

（1）线路电压（V）：　　　12V

（2）蓄电池：型号　　　　N60/80

型式　　　　　　　　　铅板式

电压（V）　　　　　　12

容量（A×h）　　　　　60/80

液面高度：　　　　　　高出极板 10～15mm

（3）发电机：型号　　　12

功率（W）　　　　　　380

转数（rad/min）　　　4000

（4）起动机：型号　　　QD1315C

电压（V）　　　　　　12

功率（kW）　　　　　3.7

（5）调节器：型号　　　电子调节器

电压（V）　　　　　　12.2～13.2

电流（A）　　　　　　13.8～14.8

（6）灯数：前大灯　　　1个

前后转向灯　　　　　　4个

7. 主要部位加注油情况

（1）发动机燃油箱		9.5L
（2）发动机冷却水	经过滤	16L
（3）发动机润滑系统	机油	2.77L
（4）空气滤清器油盘	机油	0.2L
（5）变速箱	机油或齿轮油	1.16L
（6）驱动桥	机油或齿轮油	2.3L
（7）转向器	机油或齿轮油	0.26L

第三节　翻斗车的构造与工作原理

1. 整车构造

翻斗车的基本组成与汽车类似，装有发动机、离合器、变速器、传动轴、驱动桥及转向桥、转向器、制动器、车轮和翻斗等机构。如图 7-2 所示为一般翻斗车之结构视图。其可分为动力装置、底盘、工作装置和电气设备四大部分。

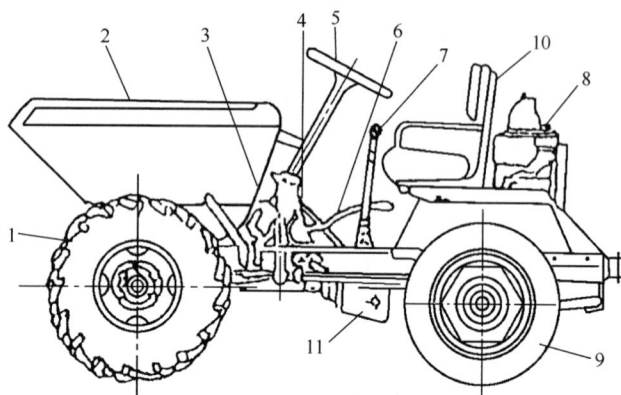

图 7-2　翻斗车结构

1—前轮；2—翻斗；3—转向机构；4—脚制动板；5—方向盘；6—手制动杆；7—变速器手柄；8—发动机；9—后轮；10—座椅；11—变速器

2. 翻斗车动力装置

翻斗车上采用的发动机为单缸四冲程发动机。如图 7-3 所示。

S1100

图 7-3　单缸柴油机

（1）发动机的工作原理

发动机是由进气、压缩、做功和排气四个工作过程组成一个工作循环。该循环是在曲轴旋转两圈，活塞往复四个冲程内完成的，对活塞的四个冲程分别命名为进气冲程、压缩冲程、做功冲程和排气冲程，如图7-4所示。

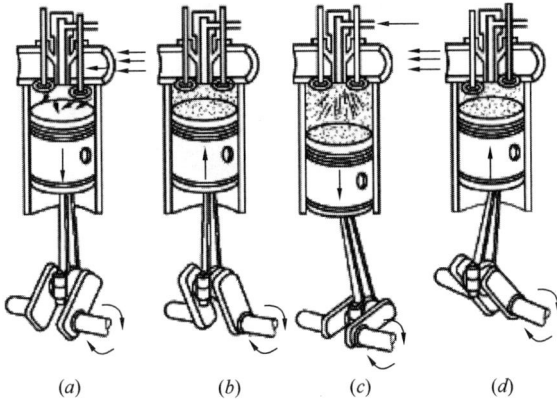

图 7-4　单缸四冲程柴油机的工作过程

(*a*) 进气冲程；(*b*) 压缩冲程；(*c*) 做功冲程；(*d*) 排气冲程

(2) 发动机的构造及功用

发动机通常由机体组、曲轴连杆机构、配气机构、进排气系统、燃油系统、冷却系统、润滑系统、电气系统等组成。

1) 机体组的组成及功用

发动机机体组主要由气缸体、气缸盖、气缸盖罩、气缸套、气缸衬垫、主轴承盖以及油底壳等组成。这其中气缸体是单缸发动机的主体，其上部装有水箱和油箱，后面装有后盖板，右面装有放水阀和机油泵，左面安装止时齿轮室盖。气缸盖是一个内部中空的铸件。气缸垫多为金属复合材料衬垫，如图7-5所示。

2) 曲轴连杆机构的功用及组成

曲轴连杆机构由活塞组、连杆组和曲轴飞轮组组成。功用是将活塞的往复运动转变为曲轴的旋转运动，同时将作用于活塞上的力转变为曲轴对外输出的转矩，以驱动外部零件转动。

活塞的主要功用是承受燃烧气体压力，并将此力通过活塞销

图 7-5 气缸垫

传给连杆以推动曲轴旋转。此外活塞顶部与气缸盖、气缸壁共同组成燃烧室。

活塞环有气环和油环（图 7-6）两种，它们具有不同的功能，分别装在活塞的气环槽和油环槽内。气环具有密封和导热两大基本功能。油环的主要功用是刮除飞溅到气缸壁上的多余的机油，并在气缸壁上涂布一层均匀的油膜。此外，气环和油环还分别起到刮油和密封的辅助作用。

图 7-6 整体式油环

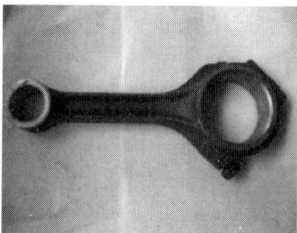

图 7-7 连杆

活塞销用来连接活塞和连杆，并将活塞承受的力传给连杆。连杆组将活塞承受的力传给曲轴，并将活塞的往复运动转变为曲轴的旋转运动，连杆的实物外形如图 7-7 所示。

曲轴的功用是把活塞、连杆传

来的气体压力转变为转矩，用以驱动传动系统和发动机的配气机构以及其他辅助装置。

发动机的曲轴为整体式全支撑曲轴，即有两个主轴颈，一个曲柄销。为了平衡曲轴旋转的惯性力以及活塞连杆组的往复惯性力，曲轴在两边曲柄上与曲柄销相反的方向制成两个扇形平衡重，曲轴实物如图7-8所示。

图 7-8　单缸柴油机曲轴实物

飞轮是一个具有相当大转动惯量的铸铁或钢制圆盘，用螺塞固定在曲轴后端的凸缘上。由于飞轮有很大的转动惯量，在发动机做功行程期间可将曲轴加速的能量贮存起来，而在做功行程以外的几个行程里，即在曲轴减速时，把贮存的能量释放出来，从而使曲轴转速能保持均匀。在发动机突然超载而引起转速下降时，飞轮转动的惯性可以减慢降速，从而可以避免发动机熄火。同时飞轮的外缘上刻有上、下止点，进、排气门开关时刻，出油等多条刻线，便于配气机构和喷油泵的检查调整，飞轮实物如图7-9、图7-10所示。

图 7-9　无电启动单缸柴油机飞轮

图 7-10　电启动单缸柴油机飞轮

3）配气机构的组成和功用

配气机构的功用是根据发动机每一气缸内进行的工作循环和发火次序的要求，定时地开启和关闭各气缸的进、排气门，以保证空气得以及时进入气缸并把燃烧生成的废气及时排出气缸。当气缸处于压缩和做功冲程时，气门应具有足够的密封性，以保证发动机正常运转。

配气机构由气门组和气门传动组两部分组成。气门组由气门、气门座、气门导管、气门弹簧、弹簧座和锁片等组成。气门传动组由凸轮轴、凸轮轴驱动齿轮、挺杆、推杆、摇臂和摇臂轴及其支架等组成。

气门的作用是与气门座相配合，对气缸进行密封，并按工作循环的要求定时开启和关闭，使新鲜气体进入气缸、废气排出。

凸轮轴（图 7-11）的作用是按照发动机的要求定时地开启和关闭进气门、排气门以及驱动喷油泵。凸轮轴的动力是由曲轴的主动齿轮通过调速齿轮传递至凸轮轴齿轮。发动机齿轮室内的所有齿轮上都标注有记号，必须按记号装配（图 7-12）。

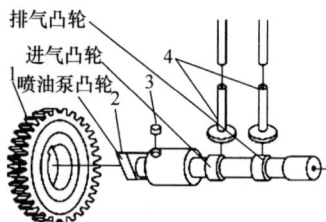

图 7-11　凸轮轴结构

1—凸轮轴齿轮；2—凸轮轴；

3—键；4—气门挺柱

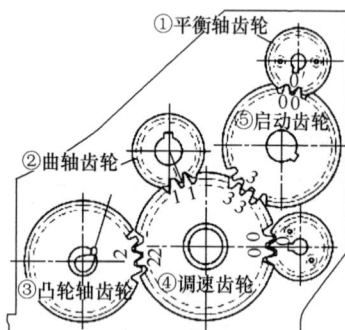

图 7-12　齿轮室齿轮的安装

摇臂是一个中间带有圆孔的不等长双臂杠杆，其作用是将推杆传来的力改变方向，作用到气门杆尾部使其推开气门。

4）进排气系统

主要包括：空气滤清器、增压器、进气管、排气管、排气制动装置和消音器。功用是尽可能多、尽可能均匀的向缸内供给空气，尽可能多的将燃烧后的废气排出气缸。

5）燃油系统

燃油供给系统的功用是根据发动机的工作要求，定时、定量和定质地将高压雾化柴油，按一定的喷油规律喷入燃烧室内，并使其与空气迅速而良好地混合和燃烧。单缸发动机燃油供给系统主要包括油箱、柴油滤清器、喷油泵、调速器、喷油器等。

各个部件总成在发动机上的位置如图 7-13 所示。

图 7-13　柴油机燃料系统主要部件的安装位置

6）润滑系统

润滑系统的作用是向各摩擦表面提供干净的润滑油，以减小零件磨损；通过润滑油的循环，还可冷却和净化摩擦表面；润滑油膜附着在零件表面，能防止氧化和腐蚀。

单缸发动机润滑系统主要由机油泵、滤清器、机油压力指示器等组成。

7）冷却系统

冷却形式有水冷和风冷两种。

蒸发式冷却系统（图 7-14）是通过部分冷却水蒸发将热量带走并散发到大气中去，从而达到散热的目的。发动机正常工作

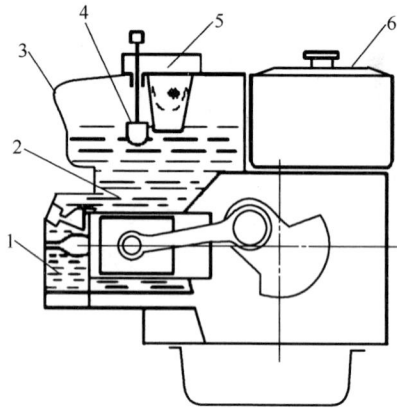

图 7-14 蒸发式水冷却系示意图
1—缸盖水套；2—缸体水套；3—水箱；
4—浮子；5—加水口；6—油箱

时，水温保持在 100℃ 左右，因此工作时冷却水沸腾开锅是正常现象。

发动机常用的冷却水都不是纯净水，均含有碳酸氢钙等矿物盐类。发动机工作时，温度升高，冷却水吸热蒸发，水中所含的盐类浓度逐渐增加，达到饱和状态时就会从水中析出，并沉积在冷却系统的内表面，形成一种灰白色的水垢。其数量多少与所用冷却水的硬度，以及发动机的使用时间有关，水的硬度越高，发动机运转时间越长，水垢的数量就越多。

8）电气系统

发动机由静止状态转入工作状态，需要借助于外力起动。其起动方式可以分为：人力起动、电动机起动、气起动、压缩空气起动等。

电气系统主要元器件由起动机、发电机、电压调节器、钥匙开关和蓄电池等组成。

3. 翻斗车底盘

翻斗车的底盘结构与汽车类似，主要包括离合器、变速器、

万向传动装置、驱动桥及转向桥、转向器、制动器、车轮和车架
等机构。一般翻斗车采用的底盘结构如图 7-15 所示。

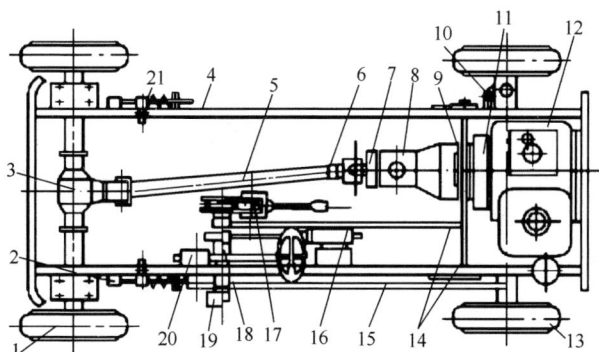

图 7-15　翻斗车底盘的基本结构

1—驱动轮；2—翻斗拉杆箱；3—驱动桥；4—车架；5—传动轴；6—十
字轴万向节；7—手制动器；8—变速箱；9—离合器带轮；10—转向梯形
结构；11—飞轮；12—发动机；13—转向轮；14—离合器分离拉杆；
15—转向纵拉杆；16—制动总泵；17—车斗锁定机构；18—制动踏板；
19—离合器踏板；20—转向器；21—翻斗拉杆

（1）离合器

翻斗车的离合器装在发动机和变速箱之间，用来切断或传递
发动机传给传动系统的动力。离合器的功用是：在车辆起步时，
可以使发动机与传动系统柔和地结合起来，使车辆平稳起步；换
挡时，能将发动机与传动系统迅速彻底地分离，以减小换挡时齿
轮产生的冲击，换挡后，再将它们平顺地结合起来；当传动系统
受到过大的载荷时，离合器能打滑，以保护传动系统免遭损坏；
分离离合器，可使车辆短时间停车。

（2）变速器

由于发动机转矩和转速变化的范围较小，而机械车辆行驶条
件非常复杂，要求驱动力和行驶速度能在相当大的范围内变化。
另外，发动机的旋转方向是一定的，而实际运行过程中除前向行
驶外，还需要倒向行驶。变速器的主要功用有：变速变扭；在发

动机旋转方向不变的条件下，使车辆能倒向行驶；利用空挡，使发动机与传动系统中断动力传递，以利于发动机启动、息速和变速换挡或进行动力输出。

（3）万向传动装置

万向传动装置可实现两根相交轴之间的传动。其可分为不等角速和等角速两种。应用广泛的十字轴刚性万向节是不等角速万向传动装置，此装置一般由万向节、传动轴以及中间支承组成。

（4）驱动桥

驱动桥是指变速器或传动轴之后、驱动轮之前的所有传动机构的总称。

驱动桥一般由主传动、差速器、半轴、驱动桥桥壳等组成。驱动桥功用是：通过主传动锥齿轮降低转速，增大转矩；改变动力传递方向；通过差速器解决左、右车轮的差速问题；通过差速器和半轴将动力传给驱动轮；桥壳起承重和传力作用。

（5）转向桥

转向桥（图 7-16）的功用是：通过操纵机构使转向车轮可

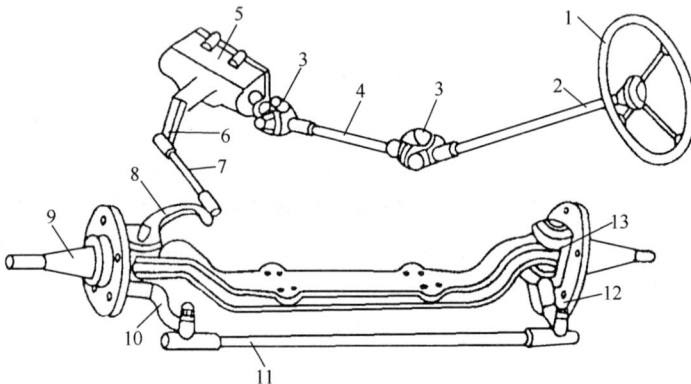

图 7-16 转向桥示意图

1—方向盘；2—转向轴；3—转向万向节；4—转向传动轴；5—转向器；
6—转向摇臂；7—转向主拉杆；8—转向节臂；9—左转向节；10—梯形
臂；11—转向横拉杆；12—梯形臂；13—右转向节

以偏转一定角度，以实现转向；除承受垂直反力外，还承受制动力和侧向力以及这些力引起的力矩。

（6）转向器

转向器的功用是将方向盘上的操纵力加以放大，并改变动力传动方向，经转向垂臂传给转向传动机构。

（7）制动器

制动系统用于控制机动车行驶速度，使速度降低或停止，满足平地停车或坡道驻车要求，制动操作机构如图 7-17 所示。

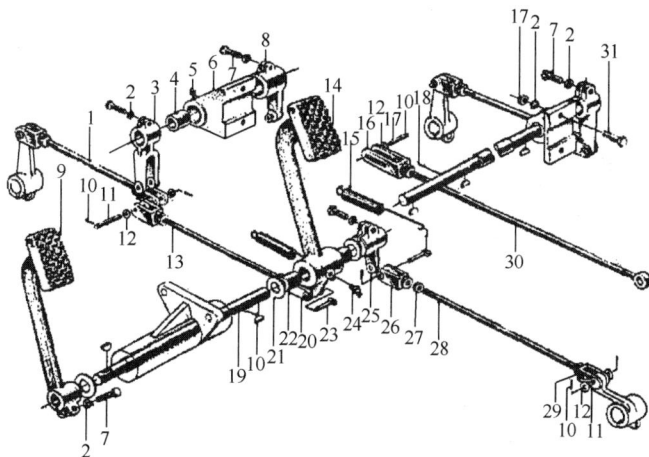

图 7-17　制动操纵机构结构图

1—拉杆；2—垫圈 10；3—脚刹车臂；4—刹车轴承套；5—油杯 M10×1；6—刹车轴支架（左、右）；7—螺栓 M10×30；8—手刹车臂；9—离合器踏板；10—开口销 2×15；11—长销子；12—垫圈；13—脚刹车拉杆；14—刹车踏板；15—回位短、长弹簧；16—手刹车调整接头；17—销 8×35；18—刹车联动轴；19—踏板轴；20—半圆键 6×22；21—垫圈；22—刹车踏板套；23—扁头销；24—油杯 45°M10×1；25—离合器控制联动臂；26—高速接头（左、右）；27—螺母 M10；28—离合控制拉杆；29—螺母 M10（左）；30—手刹车拉杆焊合；31—螺栓

（8）车轮

车轮由金属车轮和橡胶充气轮胎两部分组成。轮胎气压过高

69

或过低均会导致轮胎早期磨损，严重影响轮胎的使用寿命。

（9）车架

车架是支撑车辆各个部件并传递工作载荷的承载结构。

4. 翻斗车工作装置

翻斗的形状为 V 型，重心偏前，当卸料时，只需抬起锁紧机构的手柄，翻斗在前拉杆弹簧的作用下，翻斗就会向前倾翻，料就卸下。

5. 翻斗车电气设备

翻斗车电气系统采用交流电压 12 伏，负极接地制。

第八章　翻斗车的驾驶作业

第一节　翻斗车的基础驾驶

1. 翻斗车操作装置运用

　　翻斗车驾驶员在实际操作训练前，必须熟悉各操作装置的分布位置、使用方法和注意事项。这样才能打牢驾驶操作的基础，练就过硬的基本功，提高驾驶员的操作技术水平，确保在各种运行条件下，能正确而熟练地运用翻斗车，充分发挥翻斗车的效能，安全、高效地完成任务。翻斗车的驾驶室操纵机构如图 8-1 所示。

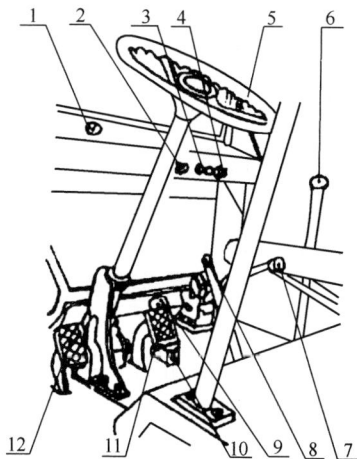

图 8-1　各操纵机构示意图

1—电流表；2—电锁；3—前大灯开关；4—转向灯开关；5—方向盘；
6—变速杆；7—翻斗、回斗操纵手柄；8—手制动操纵杆；9—油门踏
板；10—停车油门踏板；11—脚制动踏板；12—离合踏板

（1）方向盘的运用

方向盘是翻斗车转向机构的主要机件之一。正确运用方向盘，能够确保翻斗车安全行驶，并能减少转向机件和轮胎的非正常磨损。

方向盘的使用注意事项：

1）一般道路上行驶时，两手动作要平衡，根据行进前方障碍物和道路情况，作必要的方向修正。转向时，根据应转角度和车速，要一手拉动为主，另一手推送为辅。急转弯时，两手适当加力交替轮换操作。在操作过程中，方向盘的运用应遵循少转少回、勤转勤回、慢转慢回的操作方法，用力不过猛、不晃动，柔和平顺，会车避让准确及时。

2）在高低不平道路行驶时，要握紧方向盘，以免方向盘受车辆颠簸的作用而猛烈回转振动，击伤手指或手腕，甚至使车辆行驶方向跑偏。

3）除有时一手操作其他机件外，不得单手操纵方向盘或两手集中一点掌握方向盘。

4）当用右手操作其他机件时，左手仍能准确无误地掌握好方向盘，进行左右转向调整，保持车辆正常行驶。

5）转弯时，为加快转向速度，应两手在胸前交替拉动和推送方向盘，回转角度一定要准确适宜。要达到准确适度，还有个关键是驾驶员的目测能力，目测准确是方向盘运转适度的基础。所以初学驾驶员必须注重目测力的实践练习，从实践中得到启示和体会，提高自己的目测能力。

6）转动方向盘除不能用力过猛外，停车时不能原地转动方向盘（打"死"方向），避免使转向机件异常损坏和轮胎过度磨损。

（2）离合器的运用

离合器的使用非常频繁。翻斗车驾驶员可以根据装卸作业的需要，踏下或松开离合器踏板，使发动机与变速器暂时分离或平稳接合，切断或传递动力，满足翻斗车不同工况的要求。

离合器的使用注意事项如下：

1）翻斗车行驶中，不论是高挡换低挡，还是低挡换高挡，必须踏离合器换挡。

2）翻斗车行驶不使用离合器时，不得将脚放在离合器踏板上，以免离合器发生半联动现象，影响动力传递，加剧离合器片、分离轴承等机件的磨损。

3）除紧急情况和下坡需要利用发动机控制车速外，凡预见性停车使用制动器时，必须踏下离合器踏板。

4）经常检查并保持分离杠杆与分离轴承的间隙，并对离合器分离轴承、座、套等按时检查加油。

（3）变速器的挡位与操作

翻斗车在行驶和作业中，换挡比较频繁，及时、准确、迅速地换挡，对于提高作业效率、延长翻斗车的使用寿命、节省燃料起着重要作用。

（4）制动器的运用

在运行中，翻斗车的减速或停车，是靠驾驶员操作脚制动器和驻车制动器来实现的。正确合理地运用制动器，是保证作业安全的重要条件，同时对减少轮胎的磨损，延长制动机件的使用寿命有着直接的影响。

脚制动器的使用注意事项：

1）不得穿拖鞋开车。

2）翻斗车在雨、雪、冰冻等路面或站台上行驶，不得进行紧急制动，以免发生侧滑或掉下站台。

3）一般情况下，不得采取不用离合器而进行制动停车的操作方法。

4）不得以倒车代替制动（紧急情况下除外）。

5）使用驻车制动前，必须先用脚制动器使车停住。

6）使用驻车制动器时，压下手球并后拉手制动操纵杆至驻车位置，松开手球，制动蹄制动。不可用力过猛，以防推杆体、护杆套脱落，卡住制动蹄片。运行时严禁用驻车制动，只有在制动器失灵，又遇紧急情况需要停车时，才可用驻车制动紧急停车。停车时，必须拉紧驻车制动。

（5）油门踏板的运用

操纵油门踏板要以右腿跟为支点，前脚掌轻踩油门踏板，用脚关节的伸屈动作踩下或放松。操纵时要平稳用力，不得猛踩、快踩、连续抖动。

2. 基本操作

（1）起动与熄火

1）起动

起动前，应检查液压油位是否处于油位计刻度的中间位置；检查冷却液、机油和燃油、蓄电池电解液液面高度，以及灯光、仪表、轮胎气压等；检查管子、接头、泵、阀有无泄漏与损坏；检查行车制动和驻车制动是否可靠。驾驶员按照起动前应检查的程序、内容、要求，进行认真检查后，方可起动。

手摇起动时需注意以下几点：

① 起动前要检查柴油、机油及冷却水是否充足。

② 转速要足够。快速摇动，当转速达到一定的数值后，飞轮就获得足够的能量。此时迅速放开减压手柄，并继续用力摇转，发动机即能起动。转速不够时，发动机容易反转，易伤至手腕关节。

③ 减压手柄放开位置。放开减压手柄的位置最好在起动手柄处于起动轴下方垂直线到向左 30° 这一区间内，如图 8-2 所示。

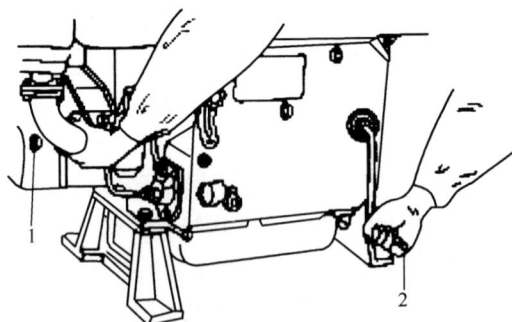

图 8-2　手摇起动时减压手柄最佳放松时机

1—减压手柄；2—起动手柄

在这个位置上，活塞正好上行到上止点位置附近，只要再走一小段距离，越过上止点，发动机就能起动，而且此时起动者用的是拉力，不会伤至手腕。

④ 发动机一经起动，起动手柄会凭借起动轴孔螺旋斜面的推力自动脱开滑出。千万不要将手柄迅速抽出，否则手柄会旋转打到起动者，造成人身伤害。正确做法是：发动机起动后，仍需握紧手柄不动，等待起动手柄自动脱开滑出后，顺势缓慢抽回，这一过程，只有 2～3s。

2）熄火

翻斗车作业结束需要停熄时，应先低速运转一段时间，以降低油温和水温。严禁高温时停止发动机运转。而后踏下停车油门踏板，使发动机断油熄火。

（2）起步与停车

1）起步

翻斗车起步是驾驶训练最常用、最基础的科目，主要包括平路起步和坡道起步。翻斗车完成起动操作后，发动机运转正常，空转 5min，待水温升至 50℃以上，机油温度升到 40℃以上，才可带负荷工作；无漏油、漏水现象，确认翻斗车四周无妨碍行车安全隐患后，便可以挂挡起步。

2）停车

停车操作要领：

① 松开油门踏板，打开右转向灯，徐徐向停车地点停靠。

② 当车速较慢时踏下离合器踏板，将变速杆移到空挡，踏下制动踏板，使翻斗车平稳停下。

③ 拉紧驻车制动杆，松开离合器踏板和制动踏板。

④ 关闭转向灯，发动机怠速运转 2～3min，踏下停车油门踏板，使发动机断油熄火。

⑤ 解开安全带后，手扶方向盘或把手下车，不能跳下车。

（3）直线行驶与换挡

1）直线行驶

直线行驶主要包括起步、直线行驶，应注意离合器、制动器和油门踏板的使用以及换挡操作等。

直线行驶注意事项：

① 驾驶时要身体坐直，目视翻斗车行进的前方，精力集中。

② 开始练习时，由于各种操作动作不熟练，绝对禁止开快车。

③ 行驶中，除有时一手必须操作其他装置（如变速杆）外，不得用单手操纵方向盘。

2）换挡

翻斗车挡位一般分为前进一挡、前进二挡、前进三挡、空挡和倒退挡。行驶中，要根据情况及时换挡。在平坦的路面上，翻斗车起步后应及时换上高速挡。

换挡注意事项：

① 换挡时两眼应注视前方，保持正确的驾驶姿势，不得向下看变速杆。

② 齿轮发响和不能换挡时，不准硬推，应重新换挡。

③ 换挡时要掌握好方向盘。

（4）转向与制动

1）转向

翻斗车在行驶中，常因道路情况或作业需要而改变行驶方向。翻斗车转向是靠偏转后轮完成的，因此翻斗车在窄道上作直角转弯时，应特别注意外轮差，防止后轮出线或刮碰障碍物。

转向注意事项：

①要正确使用方向盘，弯缓应早转慢打，少打少回；弯急应迟转快打，多打多回。

②转弯时，车速要慢转动方向盘不能过急，时刻注意车后的摆幅。如果附近有行人或车辆，应发出信号以免造成侧滑。

③转弯时，应尽量避免使用制动，尤其是紧急制动。

2）制动

制动是降低车速和停车的手段，它是保障安全行车和作业的重要条件，也是衡量驾驶员驾驶操作技术水平的一项重要内容。

一般按照需要制动的情况，可分为预见性制动和紧急制动两种。

制动注意事项：

① 翻斗车在雨、雪、冰等路面上行驶，不得紧急制动，以免发生侧滑。

② 一般情况下，不得采取不用离合器而直接制动停车的方法，不得以倒车代替制动（紧急情况下除外）。

③ 使用驻车制动时，必须先用行车制动将车制动住，然后再用驻车制动。一般情况下使用驻车制动时，不可用力过猛。运行时严禁用驻车制动，但当行车制动失灵，又遇紧急情况需要停车时，也可用驻车制动紧急停车。

④ 停车时，必须实施驻车制动。

（5）倒车与掉头

1）倒车

倒车操作要领：

翻斗车后倒时，应先观察车后情况，并选好倒车目标。挂上倒挡起步后，要控制好车速，注意周围情况，并随时修正方向。

倒车时，可以注视后窗倒车、注视侧方倒车、注视后视镜倒车。目标选择以翻斗车纵向中心线对准目标中心、翻斗车车身边线或车轮靠近目标边缘。

倒车操作要求：

① 倒车时，应先观察好周围环境，必要时应下车观察。

② 直线倒车时，应使后轮保持正直，修正时要少打少回。

③ 曲线倒车应先看清车后情况，在具备倒车条件下方可倒车。

④ 倒车转弯时，在照顾全车动向的前提下，还要特别注意后内侧车轮是否会驶出路外或碰及障碍物。在倒车过程中，内前轮应尽量靠近桩位或障碍物，以便及时修正方向避让障碍物。

倒车注意事项：

① 应特别注意内轮差，防止内前轮出线或刮碰障碍物。

② 应注意转向、回转方向的时机和速度。

③ 曲线倒车时，尽量靠近外侧边线行驶，避免内侧刮碰或压线。

④ 翻斗车后倒时，应先观察车后情况，并选好倒车目标。

2）掉头

翻斗车在行驶或作业时，有时需要掉头改变行驶方向。掉头应选择较宽、较平的路面。

掉头注意事项：

① 在保证安全的前提下，尽量选择便于掉头的地点，如交叉路口、广场，平坦、宽阔、土质坚硬的路段。避免在坡道、窄路或交通复杂地段进行掉头。禁止在桥梁、隧道、涵洞或铁路交叉道口等处掉头。

② 掉头时采用低速挡，速度应平稳。

③ 注意翻斗车后轮转向的特点。

④ 禁止采用半联动方式，以减少离合器的磨损。

第二节　翻斗车的作业与应用

1. 装载作业

翻斗车工作效率的高低，在很大程度上取决于料斗能否装满。一般应将翻斗车快速驶近料堆，在接近时换低速挡，减小油门降低车速，停靠位置应最大限度地便于装载。停稳后确认手制动操纵杆处于制动位置、锁紧机构的手柄处于锁紧状态，在坡上停靠时还应用三角木加固前后车轮，以保证装料过程中翻斗车不发生移动，翻斗不会突然倾翻。

翻斗车一般由人工装料，装料过程中应确保翻斗布料均匀，重心稳定，不得超载。

2. 运输作业

翻斗车装载完毕，便可选择路线组织运输，尽快向目的地开进。若多台翻斗车参与运输，应编组成纵队，并且保持前后 8m 以上安全距离，以免发生安全事故。

3. 卸载作业

翻斗车到达目的地后，应迅速组织卸料。当卸料时，应将翻斗车停在指定位置，同时将翻斗车处于停车制动状态。在确认翻斗车周围无人员逗留，没有卸料障碍与安全隐患后方可卸料。此时抬起锁紧机构的手柄，翻斗在前拉杆弹簧的作用下，就会向前倾翻，翻斗内的物料在自重的作用下就自行卸下。卸载后，应检查翻斗内有无残留物料，若有应人工铲除。

第九章　翻斗车的维护保养与故障排除

　　机械车辆的维护保养工作是保证其技术状态良好，完成装卸运输任务的关键之一。在运行过程中，由于零部件的磨损、变形、疲劳、蚀损、老化或操作不当等原因，会使结构性能恶化，引起故障和损坏。为预防和消除故障，提高机械车辆的完好率和运用效率，延长使用寿命，遵守相关安全注意事项，定期的维护保养十分重要。

第一节　发动机部分的维护保养

1. 发动机的保养

（1）起动前的检查和准备工作

1）新机首次启动时，仔细检查各部位紧固连接牢靠状况，附件是否完整，操作机构是否灵活。

2）检查油底壳及喷油泵的机油面，应在油标尺上限标记与下限标记之间。

3）检查燃油箱的存油量。打开燃油箱开关，使柴油流向喷油泵，并排除燃油系统中的空气。

4）检查蓄电池及连线。检查蓄电池内电解液面高度。

5）检查冷却系统并加足水。

6）遇寒冷冰冻天气，发动机应放置在防冻御寒场地。在野外工作时，起动前应先烘热油底壳并加二、三遍热水使发动机温热。

7）发动机起动时应将离合器处于分离状态。

（2）一级保养

发动机累计运行 100h 后，应进行一级保养；

1）清洗机油、柴油、空气滤清器，检查纸质滤芯有无破损，要求逐格检查底部。油浴式空气滤清器应换机油。

2）检查及调整气门间隙。

3）检查油底壳内的机油，更换或添加机油。

4）检查油底壳内机油质量，一般累计 200h 后，应全部更换机油，并清洗油底壳及油路。

（3）二级保养

进行二级保养的时间，视发动机技术状况而定，应有专业技术人员进行，驾驶员配合。除进行一级保养项目内容外，还需进行下列项目：

1）清洗油箱、油路、排气管、消声器。

2）清洗喷油嘴、活塞、活塞环、气缸、气缸盖等上面的碳。

3）检查及调整喷油压力、活塞环开口间隙、供油提前角。

4）检查气门密封性，如有渗透，必须研磨气门。

5）检查连杆、曲轴、飞轮等螺钉、螺栓螺母的扭紧紧度。

6）检查冷却系统的积情况，如过厚则需清除。

7）试运转检查。

2. 发动机保养项目与周期见表 9-1。

发动机的保养 表 9-1

序号	项目	保养项目	周期
1	冷却水	当水箱红色浮子头下降到与水箱漏斗口平时，应加水	按需要
2	润滑油（机油）	当油底壳内机油量低于油标尺下刻线时，应立即加足。新机在最初运转 50h 后，应清洗曲轴箱。油底壳、并更换新机油，以后每运转 100h 清洗、换油一次	每天最初 50h 100h
3	机油集滤器	新机在最初运转 50h，应拆下清洗以后每运转 100h 清洗一次	最初 50h 100h

序号	项目	保养项目	周期
4	空气滤清器	当周围环境清洁时，一般100h清洗换油一次 配拖拉机使用时，一般50h清洗换油一次 周围灰尘较多的情况下工作，每班应清洗换油	100h 50h 每班
5	柴油滤清器滤芯	用清洁柴油或煤油清洗纸质滤芯，清洗时可由里向外吹气。滤芯破损，及时更换	100h
6	加油滤网	取出滤网，用清洁柴油清洗干净	50h
7	油箱	油箱内部用清洁柴油搅拌清洗	500h
8	研磨气门	将凡尔砂涂在气门或气门座的凡尔线上仔细研磨，（注意切勿将凡尔砂落入气门导管中，气门杆上涂些机油）研磨后应清洗措干，并可用柴油注入进排气门气道中，看气门凡尔线处有无渗漏，检查气门密封性是否良好	500h
9	气门间隙	按气门间隙调整方法进行调整	100h
10	气缸盖、气缸套、活塞连杆组	清理积碳，并用柴油清洗干净，如发动机工作正常，可不必清洗	100h
11	曲轴油道	拆下曲轴油塞，清洗连杆轴颈内腔，并冲洗曲轴油道	2000h
12	冷却水道	用25%浓度的盐酸溶解（HCT）注入水道，停约10min左右后放掉，然后用水清洗，不干净可重复一次 注意：清洗时必须将水箱拆下	500h

第二节　翻斗车部分的维护保养

1. 翻斗车的保养

（1）新车的磨合

在使用新车或大修后的翻斗车以前，必须先进行磨合。

1）磨合前的准备

① 检查各润滑部位加注油情况是否达规定要求。

② 检查所有外露的连接件和紧固件是否牢固。

③ 检查轮胎气压是否充足。

2）磨合顺序

① 发动机空转磨合：时间 15min，开始 5min 为小油门，随后为中油门，最后 5min 为大油门。

② 负荷磨合：磨合规律是负荷由小到大，速度由低档到高档进行，共计 30.5h，具体安排见表 9-2。

翻斗车磨合安排　　　　　　　　　　　　　　　　表 9-2

负荷	载重 (kg)	工作时间（h）				总计 (h)
		Ⅰ挡	Ⅱ挡	Ⅲ挡	倒挡	
无负荷		1	1	1	0.5	3.5
1/2 负荷	500（759，1.5t）	3，4，3		10		
3/4 负荷	750（1200，1.5t）	5	6	6		17
共计（h）		9	11	10	0.5	30.5

磨合中应认真观察、倾听发动机、传动机及行走系、转向系的工作情况，如发现任何不正常的现象，<u>应立即</u>停车检查，找出原因，予以消除。

3）磨合后的工作

① 趁热放出转动系各箱体及发动机油底壳的润滑油，并清

洗之；

②　对各润滑点进行润滑；

③　彻底检查翻斗车各部件的磨合情况，必要时进行调整。

（2）翻斗车的技术保养

1）翻斗车的技术保养，按其工作时数定期进行，根据周期的长短分为下列几级：

①　每班技术保养，每班前后进行。

②　一级技术保养，在每工作 50h 后进行。

③　二级技术保养，在每工作 200h 后进行（见附录）。

④　三级技术保养，在每工作 600h 后进行（见附录）。

2）各级技术保养的要求

①　每班技术保养

A. 清洁车身内外和底盘各部。

B. 检查水箱中的水是否加满。

C. 检查燃油箱中的油量是否够用。

D. 检查各连接处是否油、水、气等。

E. 检查轮胎气压。

F. 检查各紧固件是否牢固，特别是传动轴，前桥 U 型螺栓，转向拉杆，刹车拉杆，转向臂和车轮等各螺栓、螺母。

G. 检查随车工具是否齐全。

H. 在工作环境灰尘较多的情况下，需清洗空气滤清器。（空气清洁地区可在一级技术保养中进行）

②一级技术保养

A. 完成每班技术保养得各项工作。

B. 检查发动机皮带的松紧。

C. 清洗燃油箱中的滤网。

D. 检查蓄电池内电解液是否够用，同时检查蓄电池盖上的通气孔是否通。

E. 润滑机器各部。

第三节 发动机的故障排除

1. 发动机如发生附表1中所列情况时，应立即停车。排除方法见表9-3。

发动机故障（应立即停车）排除方法

表 9-3

序号	现象	排除方法
1	转速忽高忽低	适当降低负荷，如配套要求不符，则应调整
2	突然发生不正常噪声	检查喷油器喷雾情况，校正压力，更换损坏件
3	排气突然冒黑烟	只要是喷油器不良，供油提前角不对，气缸盖垫片漏气、压缩力不足等原因引起，针对具体原因排除
4	机油压力指示阀红色标志突然下降	换瓦，修曲轴

2. 发动机排气冒黑烟排除方法，见表9-4。

发动机排气冒黑烟排除方法

表 9-4

序号	现象	排除方法
1	发动机超负荷	适当降低负荷，如配套要求不符，则应调整
2	喷油器不良	检查喷油器喷雾情况、校正压力，更换损坏件
3	燃烧不完全	主要是喷油器不良、供油提前角不对、气缸盖垫片漏气、压缩力不足等原因引起，针对具体原因排除
4	轴瓦烧损，有抱瓦现象	换瓦，修曲轴

3. 发动机起动困难排除方法，见表9-5。

序号	现象	排除方法
1	柴油流通不畅	检查油箱及柴油滤芯内有无水分及其他污物，如果滤芯被污物堵塞，则用清洁柴油清洗或更换滤芯；柴油中有水分时，更换规定牌号柴油
2	燃油系统油路中有空气	放掉空气，并旋紧所有管接头，如无法将油路中的空气排尽，则检查油管是否破损
3	供油提前角不对	按规定进行调整
4	进、排气门间隙不对	按规定进行调整
5	天气寒冷、机油变粘，不易晃动	可在水箱中加热水，或将机油预热后注入油底壳，但不准烘烤油底壳。还可将与配套工作机的连接皮带卸下，以便起动发动机，待发动机走热后，停车上皮带再起动
6	压缩力不足	进排气门、活塞、活塞环及气缸套的磨损是产生压缩力不足的主要原因，向进气管内加入 25 克左右的机油，有利于提高压缩力。如气缸盖垫片漏气，则应复紧气缸盖螺母，垫片破损，予以调换
7	喷油泵、喷油器偶件磨损	调换新的偶件
8	减压器不起作用	重新调整
9	拉缸或烧瓦	修理或更换相应零件

4. 发动机功率不足排除方法，见表 9-6。

序号	现象	排除方法
1	压缩力不足	见起动困难之 6，如零件磨损过大，则予以更换
2	供油提前角不对	按规定进行调整
3	进、排气门间隙不对	按规定进行调整

序号	现象	排除方法
4	空气滤清器堵塞	用清洁柴油或煤油清洗空滤芯及空滤内腔
5	转速太低	调整调节螺钉，使之达到规定转速
6	喷油压力下降	将喷油压力调至规定要求或调换喷油嘴或油泵芯套偶件

5. 发动机自行停车排除方法，见表9-7。

发动机自行停车排除方法　　　　　　　表9-7

序号	现象	排除方法
1	柴油中断	油箱内柴油过少，应添加。如输油管和柴油滤清器堵塞或漏气，则应排除空气及污物
2	机油不足或润滑系统故障引起零件咬死	检查机油量，不足时需添加，检查机油泵是否正常，润滑油道是否通畅，找出原因进排除及更换损坏零件
3	喷油嘴偶件咬死	摇动发动机时无喷油的啪啪声，则往往是喷油嘴咬死，应清洗研磨喷油嘴偶件，必要时应更换
4	外负荷加大，调速杠杆卡住不能及时加大油门	查清卡住原因，并排除
5	气门弹簧或油泵弹簧断裂	更换并调整

第四节　翻斗车的故障排除

翻斗车常见故障及原因分析与排除，见表9-8。

常见故障及原因分析与排除　　　　　　　　　　表 9-8

名称	故障现象	原因分析	排除方法
离合器	1. 接合时打滑	1. 踏板自由行程过小； 2. 压力弹簧软弱； 3. 摩擦片表面有油污； 4. 摩擦片磨损逾期	1. 重新调整； 2. 更换压力弹簧； 3. 清洗摩擦片表面； 4. 更换摩擦片
	2. 接合时发抖	1. 花键磨损过大； 2. 各紧固螺栓松动； 3. 摩擦面有油脂； 4. 分离杠杆调整不均	1. 更换离合器轴或轴套； 2. 紧固； 3. 清洗； 4. 重新调整
	3. 离合器不易分离	1. 踏板自由行程过大； 2. 分离杠杆调整不当	重新调整
变速器	1. 异常声	1. 齿轮磨损逾期，齿的侧隙过大； 2. 轴承磨损逾期； 3. 各紧固螺栓松动； 4. 润滑油不足； 5. 齿轮与轴的花键过分磨损	1. 更换齿轮； 2. 更换轴承； 3. 紧固； 4. 补充润滑油； 5. 更换齿轮或轴
	2. 时常跳挡	1. 拨叉轴定位弹簧软弱或失效； 2. 拨叉轴定位槽磨损逾限； 3. 内外花键磨损	1. 更换弹簧； 2. 更换拨叉轴； 3. 更换齿轮或轴
	3. 换挡不灵活	齿轮齿端碰毛	修去毛刺或更换齿轮

続表

名称	故障现象	原因分析	排除方法
驱动桥	1. 行驶时有响声	1. 主减速齿轮啮合点不好; 2. 轴承磨损逾限或松动; 3. 齿轮磨损逾限	1. 调整或更改锥齿轮; 2. 更换轴承或调整; 3. 更换齿轮
	2. 制动时发响	1. 制动底板弯曲; 2. 制动摩擦衬片铆钉松动; 3. 制动毂损坏	1. 修复或更换; 2. 修理; 3. 修理或更换
	3. 制动时车跑偏	1. 制动蹄片表面有油; 2. 间隙调整不当; 3. 轮胎气压不合标准	1. 清洗制动蹄片表面; 2. 重新调整; 3. 使气压一致
	4. 制动不灵	1. 制动毂与制动蹄片间隙调整不当; 2. 制动蹄片表面有油渍; 3. 制动摩擦衬片磨损逾限	1. 重新调整; 2. 清洗制动蹄片表面; 3. 更换制动摩擦衬片
	5. 方向盘自由转动量骤增	1. 蜗杆有轴向窜动; 2. 蜗杆和蜗轮啮合间隙过大; 3. 球接头磨损逾限或破裂	1. 重新调整; 2. 重新调整或更换; 3. 更换
	6. 转向机构不灵活	1. 润滑不良; 2. 各球接头调整不当	1. 加润滑油; 2. 重新调整

名称	故障现象	原因分析	排除方法
电气系统	1. 发动机正常而蓄电池不充电或充电率低	1. 蓄电池极板硫化； 2. 发电机皮带过松或损坏； 3. 接线不牢，接触不良； 4. 调节器调节不当或有损坏	1. 脱硫处理或更换极板； 2. 重新调整或更换； 3. 检查并消除之； 4. 重新调整或更换
	2. 蓄电池容量不足	1. 电解液比重或液面过低； 2. 极板间短路； 3. 极板硫化； 4. 导线接触不良； 5. 极板活性物质脱落	1. 重新调整比重或添加电解液； 2. 消除沉淀物，更换电解液； 3. 脱硫处理或更换极板； 4. 检查并消除之； 5. 更换极板
	3. 发电机不发电	1. 剩磁消失； 2. 磁场线圈短路； 3. 整流子接触不良； 4. 电刷卡住不灵活； 5. 电枢匝间短路	1. 按发电机原来极性，用蓄电池接于磁场线圈两端充磁； 2. 检查并接通； 3. 用 0 号或 00 号砂纸磨光； 4. 修正电刷尺寸，调整弹簧压力； 5. 检查并修复
	4. 发电机在运转时声音不正常	1. 发电机皮带过松或过紧； 2. 轴承缺油而磨损； 3. 磁极螺丝松动	1. 调整； 2. 清洗并加润滑油； 3. 拧紧螺丝
	5. 起动机不能起动	1. 蓄电池电流不足； 2. 接触不良； 3. 起动机电刷与整流子接触不良； 4. 电枢和磁场线圈有短路或短路	1. 充电或更换蓄电池； 2. 检查并消除之； 3. 修理或更换电刷； 4. 修理

名称	故障现象	原因分析	排除方法
液压系统	翻斗不能上升	1. 油箱无油或油面太低	加油
		2. 控制阀的先导阀阀芯与阀座不密合或阀座密封圈破损	更换
		3. 控制阀的溢流阀芯的阻尼孔堵塞	清洗
		4. 油泵进油管漏气	检查并修复
		5. 油泵内部严重漏油	检查并修复
		6. 吸油滤清器堵塞	清洗

第十章　翻斗车驾驶员的职责和安全作业管理要求

翻斗车作为一种机动灵活的搬运工具，在工程建设中的作用不可忽视，安全作业显得十分重要。翻斗车驾驶员要把安全驾驶操作放在首位，树立安全作业意识，自觉遵守翻斗车安全操作规程，熟练掌握驾驶操作技术，提高维护保养能力，使翻斗车处于良好的技术状态，确保驾驶作业中人身、车辆和货物安全。

第一节　驾驶员的职责

随着经济的快速发展，翻斗车使用范围的扩大，努力提高驾驶员的素质是保证人身、车辆和货物安全的关键。

1. 翻斗车驾驶员的基本素质

（1）思想素质过硬

1）责任意识较强

翻斗车驾驶员必须热爱本职工作、忠于职守、勤奋好学，对工作精益求精，对国家、单位财产以及人民生命安全高度负责，安全、及时、圆满地完成各项任务。

2）驾驶作风严谨

翻斗车驾驶员应文明装卸、安全作业，认真自觉地遵守各项操作规程。道路好不逞强，技术精不麻痹，视线差不冒险，有故障不凑合，任务重不急躁。

3）职业道德良好

翻斗车驾驶员工作时，应安全礼让，热忱服务，方便他人。作业中能自觉搞好协同，对不同货物能采取不同的装卸方式，不乱扔乱摔货物。

4）奉献精神突显

翻斗车驾驶员职业是一个艰苦的体力劳动与较复杂的脑力劳动相结合的职业，要求驾驶员在工作环境恶劣、条件艰苦的场合和危急时刻，要有不怕苦、不怕脏、不怕累的奉献精神，还要有大局意识、整体观念和舍小顾大的思想品质。

（2）心理素质优良

1）情绪稳定

当驾驶员产生喜悦、满意、舒畅等情绪时，他的反应速度较快，思维敏捷，注意力集中，判断准确，操作失误少。反之，当他产生烦恼、郁闷、厌恶等情绪时，便会无精打采，反应迟缓，注意力不集中，操作失误多。因此，要求驾驶员要及时调控好情绪。

2）意志坚强

意志体现在自觉性、果断性、自制性和坚持性上。坚强的意志可以确保驾驶员遇到紧急情况，能当机立断进行处理，保证行驶和作业安全；遇有困难能沉着冷静，不屈不挠，持之以恒。

3）性格开朗

性格是人的态度和行为方面比较稳定的心理特征，不同性格的人处理问题的方式和效果不一样。从事翻斗车驾驶工作，必须热爱生活，对他人热情、关心、体贴；工作认真负责，富有创造精神；保持乐观自信，能正确认识自己的长处和弱点，以利于安全行驶和作业。

（3）驾驶技术熟练

1）基础扎实

驾驶员具有扎实的基本功，能熟练、准确地完成检查、起动、制动、换挡、转向、装货、搬运、卸货、停车等操作。基本功越扎实，对安全行驶和作业越有利，才能做到眼到手到，遇险不惊、遇急不乱。

2）判断准确

驾驶员能根据行人的体貌特征、神态举止、衣着打扮等来判断行人年龄、性别和动向，能判断相遇车型的技术性能和行驶速度，能根据路基质量、道路宽度控制车速，以此判断前方通道是否能安全通过，对会车和超车有无影响等。

3）应变果敢

翻斗车在行驶和作业过程中，情况随时都在变化，这就要求驾驶员必须具备很强的应变能力，能适应行驶和作业的环境，迅速展开工作，完成作业任务，保证人车和货物的安全。

2. 翻斗车驾驶员的职责

（1）认真钻研业务，熟悉翻斗车技术性能、结构和工作原理，提高技术水平，做到"四会"，即会使用、会养修、会检查、会排除故障。

（2）严格遵守各项规章制度和翻斗车安全操作规程、技术安全规则，加强驾驶作业中的自我保护，不擅离职守，严禁非驾驶员操作，防止意外事故发生，圆满完成工作任务。

（3）爱护翻斗车，积极做好翻斗车的检查、保养、修理工作，保证翻斗车及机具清洁完整，保证翻斗车始终处于完好技术状态。

（4）熟悉翻斗车装卸作业的基本常识，正确运用操作方法，保证作业质量，爱护装卸物料，节约用油，发挥翻斗车应有的效能。

（5）养成良好的驾驶作风，不在驾驶作业时饮食、闲谈。

（6）严格遵守翻斗车的使用制度规定，不超载，不超速行驶，不酒后开车，不带故障作业，发生故障及时排除。

第二节　安全作业管理

1. 发动机安全使用注意事项

（1）新机须经50h磨合运转，磨合运转不可满负荷运行和在恶劣环境下使用。

（2）磨合运转结束后，要更换机油，调整进排气门间隙后，方可投入正常使用。

（3）严格按铭牌上标定的功率进行使用或配套，严禁超负荷、超转速或长期在低负荷、低转速运行。

（4）发动机起动后，应低速空载运行 3～5min，严禁起动后立即高速、高负荷运转。

（5）非发生飞车等重大事故的情况下，禁止用减压的方式停车。

（6）禁止在水箱中加入脏污或盐、碱的水（如井水或海水）。

（7）使用规定牌号的柴油和机油，油料在使用前需充分沉淀和过滤干净，加油器具应保持清洁，机油要定期更换。

（8）油浴式空气滤清器要按滤清器上刻线标记加入定量的柴油，定期清洗、养护并更换机油。必要时予以更换滤芯。

（9）发动机的进、排气道严禁进水，特别在运行过程中，否则会造成发动机致命故障。

（10）气温低于 0℃时，停机后及时放出冷却水，防止冻裂机体和气缸盖。

（11）定期检查发动机各紧固螺栓的松紧程度，并及时予以紧固。

（12）注意防止高温部件烫伤。发动机在运转中或刚停机时温度很高，注意不要被烫伤，不要将手、身体和衣服触及消声器、排气管和散热器等高温部件。

（13）放油和放水时注意防止飞溅烫伤。放出发动机高温机油时，务必防止飞溅烫伤。须待发动机温度下降后再放出冷却水，以防止飞溅烫伤。

（14）手动发动机应选购符合标准的手柄起动装置，如起动不来发生反转时，手柄能自行脱开连接以防伤手。发动机一经起动，起动手柄会自行退出，因此仍需握紧起动手柄，以防脱手发生安全事故。

（15）按要求进行磨合和保养。

（16）严禁将油污、油泥、废油等倒入下水道排放，应收集起来，妥善处理，以免造成环境污染。

此外使用前请注意做好以下几件事：

（1）润滑油

夏季用 CC15W/40 号

冬季用 CC15W/30 号

注意：加油时不得超过机油尺上刻线，正常运转时不得低于机油尺下刻线。

（2）轻柴油

夏季用 0 号

冬季用－10 号和－20 号

松开喷油泵上放气螺钉，放尽油路中空气后再拧紧。

柴油使用前要充分沉淀和过滤干净，加油器具应保持清洁，切勿将尘土带入。

（3）加入清洁的软水（雨水、雪水或河水），加至水箱红色浮子头升到最高位置。切严禁使用硬水或污水，当限于条件不得不使用硬水时，应经软化处理，最简单的处理方法是将水烧开后沉淀，除去杂质后使用。

2. 翻斗车的安全使用注意事项

（1）新车必须按规定磨合后，方可进行负荷工作。

（2）行驶前，应检查锁紧装置并将料斗锁牢，防止在行驶时掉斗。

（3）行驶时应从Ⅰ挡起步，不得用离合器处于半结合状态来控制车速。

（4）上坡时，当路面不良或坡度较大时，应提前换入低挡行驶；下坡时严禁空挡滑行；转弯时应先减速；急转弯时应先换入低挡。

（5）翻斗车制动时，应逐渐踩下制动踏板，并应避免紧急制动。

（6）通过泥泞地段或雨后湿地时，应低速缓行，应避免换挡、制动、急剧加速，且不得靠近路边或沟旁行驶，并应防侧滑。

（7）翻斗车排成纵队行驶时，前后车之间应保持 8m 的间距，在下雨或冰雪的路面上，应加大间距。

（8）在坑沟边缘卸料时，应设置安全挡块，车辆接近坑边时，应减速行驶，不得剧烈冲撞挡块。

（9）停车时，应选择合适地点，不得在坡道上停车。冬季应采取防止车轮与地面冻结的措施。

（10）严禁料斗内载人，料斗不得在卸料工况下行驶或进行平地作业。

（11）发动机运转或料斗内载荷时，严禁在车底下进行任何作业。

（12）操作人员离机时，应将发动机熄火，并挂挡、拉紧手制动器。

（13）作业后，应对车辆进行清洗，清除砂土及混凝土等黏结在料斗和车架上的赃物。

（14）在维修保养前桥部位时，应先把翻斗回位器、拉链拆掉，不应让回位弹簧工作，避免维修时，翻斗挂钩脱钩，造成安全问题。

（15）维修及检查车辆底部时，发动机一定要熄火，拉住手刹，以免车辆滑动。

（16）夜间工作时，检查燃油箱油面多少时，禁止用火柴、打火机，以免引起火灾，要使用手电筒。

（17）在维修或换轮胎时，应先把轮胎内气压放掉，方可维修，以免造成安全隐患。